La Cineïde Ou La Vache Reconquise: Poème National Héroï-comique En Vingt-quatre Chants...

Charles De Weyer de Streel

DE WEYER DE STREEL.

LA CINEÏDE

OU

LA VACHE RECONQUISE.

Poème national héroï-comique en vingt-quatre chants.

LIÉGE,

IMPRIMERIE DE L. GRANDMONT-DONDERS, Libre,

1852.

LA CINÉÏDE

OU

LA VACHE RECONQUISE.

79.

DE WEYER DE STREEL.

LA CINEÏDE

ou

LA VACHE RECONQUISE.

Poème national héroï-comique en vingt-quatre chants.

vers. Car, si l'ouvrage est bon, on le lira, et il subsistera malgré la critique ; et s'il ne l'est pas, toutes les précautions du monde ne le préserveront pas de l'indifférence et de l'oubli.

Épreuve tirée à 90 exemplaires.

N° 79.

LIÉGE,

IMPRIMERIE DE L. GRANDMONT-DONDERS, LIBRAIRE.

1852.

Déposé selon la loi.

Ferai-je ou ne ferai-je pas une préface ?

C'est chose oiseuse que de chercher à se rendre le public favorable , surtout quand il s'agit de vers. Car , si l'ouvrage est bon , on le lira , et il subsistera malgré la critique ; et s'il ne l'est pas , toutes les précautions du monde ne le préserveront pas de l'indifférence et de l'oubli.

Je ne ferai donc point de préface. — Je me contenterai de prier tous ceux qui liront ce poème de m'adresser leurs observations bienveillantes.

Je dis *bienveillantes :* car mon intention n'est point de retravailler à fond un ouvrage que j'ai sous les yeux depuis quinze ans , bien que je n'y aie mis la main qu'à bâtons rompus et pour me distraire dans des moments d'ennui. — Il est d'ailleurs évident que dans sept mille vers il y a quelque chose à corriger ou à excuser.

Je ne puis m'empêcher, à ce sujet, de rappeler à mes lecteurs ce qu'écrivait Alph. Karr, il y a quelques années, en parlant de la *Lucrèce* de Ponsard, quoique je n'aie pas la prétention de me placer au rang des écrivains dont il parle.

« Les bommes de talent, dit-il, se découragent
» facilement, et on doit les flatter. — Les ravis-
» santes choses qu'ils ont conçues, les rêves
» brillants de leur imagination sont toujours une
» critique assez terrible de ce qu'ils ont écrit,
» pour qu'on puisse sans danger leur en épar-
» gner d'autre. — Ils savent assez et ils sentent
» avec désespoir combien l'exécution d'une œuvre
» d'imagination reste au-dessous de la concep-
» tion, etc. »

Je sens combien il serait utile et même parfois nécessaire que cet ouvrage fût accompagné de notes explicatives. — Mais les notes semblent souvent une affaire de vanité ou de négoce. — Si ces vers en valent la peine, mes amis et lecteurs voudront bien (et je les en prie) se charger de cette besogne. Ces notes, je les insérerai *sous leur nom*, s'ils me le permettent, dans l'édition définitive.

Décembre 1852.

LA VACHE RECONQUISE.

CHANT PREMIER.

ARGUMENT. Introduction. — Ciney et son chapitre. D'Halloy. — Les Beauforts refusent le tribut de la vache. D'Halloy l'enlève de force. Il l'amène à Ciney. Effroi des bourgeois à son arrivée matinale. Le mayeur Cabolet et sa femme. Repas des soldats du bailli chez le mayeur.

Poëtes fortunés, que l'amant de Clytie
Doua de l'heureux don des vers et du génie,
Qui pouvez célébrer et charmer à la fois
Les hommes et les dieux, les peuples et les rois;
C'est à vous de tirer du céleste grimoire
Ces contes mille fois mieux aimés que l'histoire;
À vous seuls appartient de chanter les héros;
Vous seuls pouvez troubler leurs cendres et leurs os
Pour rendre à la lumière et la belle Angélique,
Et le pieux Bouillon, et le fruit diabolique
Qui fit de Satan même un héros éclatant,
Grâce à vos vers pompeux, grâce au péché d'Adam.

Mais moi, qu'un astre errant dota de la manie
D'orner de quelques fleurs le rêve de la vie,
N'osant chanter les dieux ni les nobles mortels
A qui vos fiers talents ont dressé des autels,
Je ne redirai point l'éternel Charlemagne,
Ni ses pairs, ni ses preux de France et d'Allemagne,
Ni le cheval Bayard, témoin de leurs hauts faits,
Ni même l'hippogriffe, ami des astres,.... mais

Je chante cette vache, Hélène incomparable,
Qu'un moderne Pâris, conseillé par le diable,
Enleva par caprice et garda pour sa peau,
Peau qui lui donnait l'air d'un jeune et tendre veau :
Je chante cette vache, honneur d'un siècle antique,
La gloire du Condroz, pays un peu rustique,
Où souvent le feu vif de deux grands-gros yeux bleus,
Brûlant avec les cœurs les toits de nos aïeux,
Mit sens-dessus-dessous l'honneur de la patrie
Et laissa pour tout gain la mort et l'incendie.

O Muse ! qui créas l'Arioste et Boileau
Et que le Tassoni fit descendre en un seau,
Ah ! réponds à mes vœux : viens, descends sur ma vache !
Toi seule peux savoir le charme qui se cache
Sous des lutrins, des seaux, des oiseaux, des cheveux :
Inspire donc ma lyre, et d'un sourire heureux
Féconde mon sujet. Redis l'illustre guerre
Dont un faux point d'honneur ensanglanta la terre :
Dis comment des héros, enfants chéris de Mars,
Renversant de Ciney les superbes remparts,
Reprirent l'animal qui, las de trop attendre,
Pour un jeune taureau s'était pris d'amour tendre :

Dis comment ces guerriers, par un hasard nouveau,
Eurent pour prix la vache et pour surcroît son veau.

Du domaine liégeois antique dépendance,
Non loin de ces forêts qui limitent la France,
Auprès de Rochefort et des champs ardennais,
Entre Marche en Famène et le sol dinantais,
S'élève du Condroz la vieille capitale,
Ciney ; célèbre alors par sa collégiale
Où vingt pieux reclus, loin des plaisirs trompeurs,
Des aises de la vie et des biens séducteurs,
A d'autres plus heureux par le vœu d'indigence,
Laissaient l'or, les grandeurs et la molle opulence,
Et, se fesant vertu de la nécessité,
Sans statuts pratiquaient la sainte pauvreté.

Ciney, sur un terrain parsemé de collines,
Domine sans orgueil les campagnes voisines :
De loin le voyageur découvre son clocher
Vers lequel les corbeaux qui cherchent à nicher
Volent en cadençant leurs chants de Croatie
Redits par les ânons en bémols de Hongrie.
(La musique en tout temps sut plaire aux Cinaciens).

Les remparts de la ville en ces âges anciens
N'étaient pas ce qu'ils sont, des amas de décombres.
Alors ses murs épais, ses tours sveltes et sombres
S'élançaient dans les airs et menaçaient les cieux :
Des fossés escarpés aux plus audacieux
Interdisaient l'accès de ses hautes murailles :
Trois portes seulement criant sur leurs ferailles
S'ouvraient à l'heure dite au son du Jacquemart.
Ciney n'était rien moins qu'un second Gibraltar.

C'est là, jadis, qu'un jour une troupe joyeuse,
En côtoyant d'Halloy la route sinueuse,
Déboucha vers l'endroit nommé l'Eau-à-la-vau ;
Et déjà commençait à gravir le coteau.

Un guerrier la précède, armé de toutes pièces.
C'est sire Jean d'Halloy que ses rares prouesses
Élevèrent au rang de Bailli du Condroz.
Dès l'enfance ennemi d'un indigne repos,
La gloire lui sourit : la fortune guerrière
Le fit rapidement du seuil de la chaumière
Passer au premier rang des chevaliers liégeois.
Puis, du prince d'Enghien d'Halloy fixa le choix
En ces temps malheureux où la force brutale
Pouvait seule enchaîner la fougue martiale,
L'esprit séditieux des tenants féodaux,
Et soustraire le peuple à d'innombrables maux.

Mais Beaufort ne put voir sans dépit, sans envie,
S'élever un rival sorti de vilenie.
Trois frères soutenaient de ce nom révéré
Et les antiques droits et le lustre sacré.
Jean, non loin du Hoyoux, était seigneur de Gosne ;
Richard avait Fallais en terre hesbignonne ;
Sur un roc escarpé défendant tout abord
Entre Andennes et Huy Renier tenait Beaufort.
Du prince des Liégeois illustres feudataires
Et du domaine saint défenseurs titulaires,
Leur fierté s'indigna qu'un titre féodal
Passât, à leur mépris, sur le front d'un vassal.

Dès lors, l'esprit du mal fit couler dans leurs veines
Le poison des soupçons, le feu brûlant des haines :

Vil suppôt des démons, le courtisan mielleux
De mécontents d'abord les rendit furieux.
« Dégradés, disaient-ils, des droits de leur naissance,
» Verraient-ils cet affront sans en tirer vengeance ? »
Parfois le feu du pâtre auprès des secs guerêts
S'étend en incendie, embrase les forêts.

   En haine du bailli, dans leur colère extrême,
Se tenant déliés envers leur chef suprême,
Leur bras à le servir n'eut plus la même ardeur :
Puis au relâchement succéda la froideur.
Enfin, rompant le frein de toute dépendance,
Le tribut de la vache, antique redevance,
De la maison Beaufort gage de féauté,
Fut par eux au bailli hautement disputé.

   D'Halloy, ne pouvant mieux, fait taire son courage :
Il étouffe en son cœur son dépit et sa rage :
Il ne craint qu'une chose, un honteux démenti.
Il dissimule, attend. Bref, il est averti
Qu'un tournoi va s'ouvrir, et, qu'amateur de joûte
Le Seigneur Jean Beaufort vers Andennes fait route.
Il assemble ses serfs, vers Gosne il les conduit,
Attaque le castel aux ombres de la nuit.

   Mais du seigneur prudent la juste défiance
L'avait mis, en partant, en état de défense.
D'Halloy trouva tout prêt qui pouvait riposter,
Et malgré son audace il ne put l'emporter.
Le soldat dérouté, suivant l'antique usage,
Mit la guerre en oubli pour courir au pillage.
Le manant innocent paya pour son seigneur.
Il eut beau s'enrouer à crier au voleur ;

Débusqué de son lit en simple habit de toile,
Il dut malgré ses cris loger à belle étoile.

Cependant , en son cœur, le bailli morfondu
D'avoir pour ses péchés tenté sans avoir pu ,
Certain que le succès passe seul pour sagesse ,
Croyant déjà s'entendre accuser de simplesse
Et voir tous les Beauforts l'attaquer de concert ,
Songeait à mettre au moins son honneur à couvert ;
Quand les soldats , lassés de piller et de boire,
Arrivent pêle-mêle et chantant leur victoire
Traînent un animal qu'ils proclament en chœûr
Le tribut des Beauforts conquis par leur valeur.

Quand un prédicateur trahi par sa mémoire
Tombe court au morceau qui doit faire sa gloire ,
Et qu'en balbutiant il recherche au plafond
Le passage maudit qui va lui faire affront ;
Si du ciel , au moment qu'il tousse et va se taire ,
Tombe un rayon soudain qui le frappe et l'éclaire ,
On voit l'homme de Dieu fesant figue au danger
Oublier humblement cet échec passager.

Ainsi sire d'Halloy qui se donnait au diable
Pour sortir , honneur sauf, de ce pas détestable ,
Au moment qu'il se croit au bout de son latin ,
Renaît à l'espérance et bénit son destin.

Il fait au son du cor annoncer la retraite,
Rassemble ses guerriers et met la vache en tête,
Blanchette , unique objet des soins et de l'amour
De sa tendre vachère Aldegonde Vibour.
Ce vieux spectre ambulant des Beauforts fut nourrice.
Ses beaux jours sont passés. Reléguée à l'office ,

Pour tenir occupés les vides de son cœur
Qu'en son beau temps jadis occupa mainte ardeur ,
A la belle génisse elle voua son zèle.
Ce fut de ses ardeurs l'ardeur la plus fidèle.

Aussi , quand le soldat dans cette affreuse nuit
Dévastait , ravageait son modeste réduit :
« Arrête, ô ciel ! dit-elle : épargne au moins ma bète :
» Fais tomber ton courroux sur ma débile tête,
» Tête blanchie au ciel des chagrins, des amours;
» Mais respecte , soldat , respecte au moins les jours
» De Blanchette , mon bien , de ma vache chérie
» Qui ne fait que franchir le beau seuil de la vie ! »

Le soldat , attendri , respecta l'animal :
C'est vous dire en deux mots qu'il ne lui fit point mal ;
Car , de lui concéder une grâce plénière,
C'était , vous le sentez, une tout autre affaire.
Blanchette vivra donc ; c'est un point arrêté :
Mais c'est pour un exil à perpétuité.

Le rustre la saisit. Triste , morne et dolente,
La vieille suit les pas de sa vache tremblante.
Au moment où je parle , elle la suit encor;
Que dis-je ? elle suivrait aux enfers son trésor.
Tout bas , en cet instant , sa tendresse craintive
Maudit de ces rustauds la marche trop hâtive :
Car le bailli qui veut qu'avec l'aube du jour
La vache dans Ciney proclame son retour,
Presse les flancs poudreux de son coursier rapide
Et fait signe de suivre à sa bande intrépide.

Comme nous l'avons dit , il marche le premier.
Il porte sur son casque un genêt pour cimier.

Fier de s'être élevé par sa propre vaillance ,
Il a sur son écu , signe de sa naissance ,
Une gerbe d'azur alezée en champ d'or.

Le corneur de la tour les voit , sonne du cor
Et donne le signal à la garde endormie.
Le pont—levis s'abaisse , et le guichet qui crie
S'ouvre et livre passage au commandant du guet.
Sire d'Halloy s'avance et lui parle en secret
Puis , le mot échangé , la porte s'ouvre entière.

La troupe entre en suivant la vache prisonnière.
Mais arrêtant ses gens sous les vastes arceaux ,
Le sire tout d'abord dépêche deux hérauts
Pour porter au mayeur de la cité fidèle
De ses brillants succès l'étonnante nouvelle ;
Avec ordre précis qu'au coup de l'Angelus
Magistrat et clergé , selon les anciens us ,
Au devant du vainqueur , représentant le prince
Et pour lui dominant sur icelle province ,
En habit de gala viennent avec honneur
Dignement festoyer leur chef , maître et seigneur.

Bientôt après , voilà les cloches en cadence
Qui du noble guerrier annoncent la présence.
Sur les remparts au loin les cors et les clairons
De l'airain bondissant accompagnent les sons.

Les bourgeois endormis que ce fracas réveille ,
Effrayés , éperdus , prêtent d'abord l'oreille.
Puis , se croyant surpris et que de toutes parts
Un ennemi terrible assaille leurs remparts ,

Ou qu'un feu dévorant de sa flamme mobile
Menace en ce moment d'envelopper la ville,
Ils s'élancent du lit d'un saut précipité.

Plusieurs, nous dit l'histoire, en cette extrémité,
Pensant sauter sur pieds, tombent sur le derrière
De leur individu. Plusieurs prenant carrière
Entraînent dans leurs draps table et meubles de nuit;
La fayence s'ébrêche et l'onde amère fuit.
D'autres au fond du lit et sous leur couverture
Cherchent contre la peur une retraite sûre.
Mais la peur les y suit, et de ses froides mains
Travaille tout leur être, ouvre leurs intestins,
Les allégeant d'un poids dont le nom par décence
Doit être dans ces vers mis au ban du silence.

Bref, la rumeur croissant, on vit tous nos bourgeois
S'échapper par la porte ou grimper sur les toits,
Vêtus à contre-sens en blouse bleue ou grise,
Avec chaussure ou non, avec ou sans chemise,
(Car l'histoire n'est pas claire en ce dernier point)
Courir à corps perdu, les uns la lance au poing,
D'autres armés de faux, d'autres d'une rapière,
Et tous se bousculer en avant, en arrière,
Non sans s'apostropher d'un ton peu fraternel.

Lors, le mayeur parut, et d'un air solennel
Enfonçant son bonnet, relevant ses moustaches
« Qui vous a fait, dit-il, grand troupeau de bravaches,
» Sortir de votre lit et courir si matin ?
» Quel démon trouble encor votre cerveau mutin ?
» Toujours pareils au chien de Jehan de Nivelle.
» Vous venez à contre-ordre et fuyez quand j'appelle,

1*

» Mais, ça! qu'on en finisse... allez tôt vous coucher...
» Sinon!.. Mais, un moment... car j'allais me fâcher...
» Quand le bailli... là-bas... arrive à notre porte...
» Sire Jehan d'Halloy... (que le diable l'emporte,
» De venir si matin troubler notre repos !)
» Écoutez !... le bailli... retiendrez-vous ces mots ?...
» Veut qu'au coup des pardons, en nos habits de fête,
» Nous aillions le chercher, lui, ses gens et sa bête ,...
» Sa bête, citoyens, le tribut des Beauforts,
» Qu'il a prise la nuit avec deux cents recors,
» Et que par la maleheure avec toute sa bande
» Il introduit céans comme une contrebande.
» Or çà ! Puisqu'il lui plaît, sans qu'est-ce ni pourquoi,
» Que chacun au plus tôt retourne à son chez-soi,
» Se débarbouille; et, quand on entendra la cloche,
» Tôt qu'on arrive ici sans traîner la galoche. »

Il dit, le peuple entier d'un murmure flatteur
Accueille le discours de l'éloquent mayeur.
A son noble langage il reconnaît son maître.

Mais, amis, vous aussi, vous désirez connaître
Quel était ce mayeur?... C'était Paul Cabolet,
Bourgeois d'ancienne roche, homme sage et discret,
Un peu bouillant parfois, parfois un peu rustique ;
Digne enfin de régir semblable république.

Pour la sixième fois il est au consulat.
Mais il ne tient pas seul les rênes de l'État :
Sa femme y vient en aide, et son humeur altière
Lui donne sur la ville autorité plénière.
Sa main meut du pouvoir tous les ressorts secrets :
Elle d te, elle annule à son gré les arrêts.

Quand elle a prononcé, pas un ne récalcitre :
Ses décrets sans appel dompteraient un chapitre.
Trois fois mons Cabolet tenta de résister,
Trois fois il se soumit, et se laissa bâter,
Bâter tout comme un âne... Ah ! que d'hommes sont ânes !
Que d'hommes sont poltrons ! et qu'en l'art des chicanes
La femme a de moyens pour vaincre et dominer !
Que d'hommes en jupons ! que d'hommes à berner !

Mais pendant, qu'imitant d'ennuyeux philosophes,
Je perds ici mon temps en vaines apostrophes,
Les guerriers du bailli ne perdent pas le leur.
D'Halloy pour raffermir leur gosier et leur cœur,
Leur a permis de boire, et la troupe altérée,
Sans se faire prier, s'envole à la curée
Tout droit chez le mayeur. La troupe avait bon nez,
Tous avaient appétit, et tous soif de damnés.
La faim les aiguillonne et la soif les emporte.

A grands coups redoublés ils heurtent à la porte.
La dame tressaillit. Sa générosité
N'était point au niveau de sa mâle fierté.
Les heurts allant leur train, il fallut bien paraître :
La dame Cabolet parut à sa fenêtre.

A l'aspect imposant de ce public nombreux,
Elle toussa, dit-on, une fois ou bien deux :
Le nombre n'y fait rien ; car la vraie éloquence
Ne va pas sans la toux : c'est son puits d'abondance.
D'un ton miel et vinaigre elle objecte d'abord
Que tout dans la maison est au lit, que tout dort.
Puis arrivant bientôt au point qui la remue,
Elle a du déplaisir de n'être point pourvue

De tout ce qu'il faudrait pour nourrir tant de gens :
Elle désire trop qu'ils s'en aillent contents,
Et pour un peu plus tard promet monts et merveilles.

Ventre affamé, dit-on, n'a jamais eu d'oreilles.
Et si, dans les congrès que l'on tient de nos jours,
Nos grands législateurs souffrent les longs discours,
C'est que pour le soutien de la chère patrie,
On dîne bien d'abord ; dîner c'est moitié-vie.

Cette morale est claire, et nos braves soldats
La comprenaient si bien, que d'horribles hourras
Couvrirent le *dixi* de la chiche harangue.
La dame en fut muette ; elle en perdit la langue,
La parole du moins, et pour un court instant :
Femme qui perd la langue étouffe sur le champ.

Force donc fut d'ouvrir à la vorace bande
Qui n'avait nul souci de discours, ni légende,
Et que la malefaim en ces lieux attirait.
Qui fut déconcerté ? La dame qui croyait
Bailler à ses voisins cette tourbe intraitable.
(Un mayeur de nos temps est un peu plus aimable :
Élu protecteur-né de ses concitoyens,
Pour ménager leur bourse il prodigue ses biens.)

Comme un torrent fougueux qui tombant des mon-
[tagnes,
Emporte tout obstacle et fond sur les campagnes,
Tels fondent à la fois chez messire Mayeur
Ces loups que sa moitié maudit de tout son cœur.
Elle voit emporter sa bierre jeune et vieille,
En cercle, en cruche, en pots, en cruchons, en bouteille ;

Elle voit dévorer son lard et ses jambons,
Ses boudins , ses gigots , et ses beaux saucissons
Qui passent de la cave avec pain et fromage
Au ventre de ces ours.Grands dieux ! comme elle enrage !
Ah ! pauvre Cabolet ! que de jours de douleurs
Vont te faire expier la faim de ces voleurs !
Tous apprendront chez toi ce que vaut la furie
D'une femme qui fait ce qui la contrarie.

Mais tout courroux est vain : les rustauds dévorants
Font la guerre à la faim et mangent pour deux ans.
Ainsi l'on voit l'hiver , poussés par la famine ,
S'élancer des forêts sur la plaine voisine
Une troupe de loups qui , sourds à tous dangers ,
Font tomber sous leurs dents, troupeaux , chiens et
                                            [bergers.

Mais puisqu'il faut enfin qu'en ce monde tout cesse ,
La faim comme la soif , et même encor l'ivresse ;
Nos pillards bien repus et remplis jusqu'au cou ,
Sans merci , sans adieux et sans offrir un sou ,
Ivres , gagnent la porte où sans ordre ils s'étendent ,
Ronflant à bon plaisir jusqu'à ce qu'ils entendent
Que la voix de leur chef , leur donnant le signal
Commande les apprêts du départ triomphal.

FIN DU PREMIER CHANT.

CHANT SECOND.

ARGUMENT. La Renommée et la Discorde vont avertir les Beauforts à Andennes. Description du tournoi de Gui d'Ampierre : il est interrompu. — Marche triomphale de la vache dans Ciney. Cortège du mayeur. La vache est introdnite dans l'église : sa frayeur trouble la fête.

Ce monstre curieux, indiscret et volage
Que tout poëte doit et devra d'âge en âge
Honorer à son tour d'une description :
Ce monstre, femme, oiseau, gazette, opinion,
Qui mondain, qui dévot, se fait bonheur et joie
De courir gueule au vent et de chercher sa proie,
Epiant, divulgant, et publiant sans fin
Plus le faux que le vrai, plus le mal que le bien :
La Renommée enfin, du fond de sa tanière
Entendit et les chants de la troupe guerrière
Et ses lestes propos et ses mâles jurons
Mêlés aux sons discords des cloches, des clairons.

S'élançant aussitôt, elle bat de ses ailes
Le séjour lumineux d'où les plaines mortelles
S'étendent en pourpris sous ses vastes regards.
Elle voit, elle entend nos bruyants campagnards.
Elle observe un instant et promptement devine
L'objet de ce fracas. Chez la gent diablotine
Elle s'en va chercher le plus méchant démon,
Celui de la discorde; et sans plus de façon
Elle le prend en croupe et vole vers Andenne.
Elle plane et s'arrête au-dessus de l'arène.

Guy d'Ampierre préside à son brillant tournoi.
Guy d'Ampierre longtemps combattit pour la foi :
Ce comte valeureux de Namur et de Flandre
Délaissa ses comtés pour s'en aller défendre
La croix de son Sauveur, le tombeau de son Dieu.
Sa triste épouse en vain, dans son dernier adieu,
Suspendue à son cou, l'inondant de ses larmes,
Lui fesait partager ses regrets, ses alarmes.
Guy fut sourd ; et la voix de l'austère devoir
Triompha dans son cœur de ce tendre pouvoir
Qu'accorde un homme faible aux larmes d'une femme.
Il partit ; et guidé par la sainte oriflamme,
Il passa d'Aiguemorte aux plages de Tunis.
Mais au climat brûlant tous les fléaux unis,
En immolant Louis, détruisirent l'armée.

Le comte après la paix revint. La Renommée
Contemple du tournoi les sompiueux apprêts.
Tout est digne de Guy, tout redit ses hauts faits.
Elle admire l'éclat, la gloire et la richesse
Qu'étale à ses cent yeux la puissante noblesse
Qui de tout le pays accourt à ce tournoi.
Ce spectacle enchanteur a mis tout en émoi.
Des peuples d'alentour le flot tumultuaire
Couvre des monts voisins l'enceinte circulaire.

Au centre de l'arêne, avec Gosne et Beaufort
Paraissent Luxembourg, Fallais et Rochefort,
Qui, tous cinq déclarés les tenants de la lice,
Envers et contre tous veulent faire exercice
De six lances à rompre, avec condition
Que le noble vainqueur soit en possession

De nommer sa beauté , des belles la plus belle,
La reine des amours , et de recevoir d'elle
La couronne d'honneur et le beau palefroi
Destiné par Dampierre au vainqueur du tournoi.

On donne le signal ; on ouvre la barrière.
Cinq chevaliers d'élite entrent dans la carrière
Et touchent de la lance aux écus des tenants :
C'est Pierre de Moha , c'est Spontin, c'est d'Awans
Avec Gilles de Dave et Jean de la Rochette.

Aux éclats du clairon , aux sons de la trompette,
Assaillants et tenants , tous la lance en arrêt,
Piquent leurs vifs coursiers qui partent comme un trait.

Le choc de cet assaut fut bruyant et terrible.
Moha brise son fer sur Beaufort l'invincible;
Luxembourg à d'Awans fait vider les arçons;
Fallais touchant Spontin , voit sa lance en tronçons,
Plus heureux , la Rochette atteint l'armet de Gosne :
Le fer vole en éclats , l'airain frappé résonne.

Mais sire Rochefort , avoué des Copers,
Subit en cette épreuve un funeste revers.
Car , courant contre Dave et baissant trop sa lance ,
Il frappe le coursier qui se cabre et s'élance;
Et du choc Rochefort , perdant les étriers,
Fait un tour en avant, met en l'air deux quartiers
Qui ne passèrent onc pour quartiers de noblesse.

O spectateur léger ! tu ris de la détresse
Du pauvre chevalier. Lui maudit son destin.
La Renommée aussi, dit un vieux parchemin ,
Plus encore la Discorde eurent joie au désastre
Qui fesait sur la terre errer un nouvel astre.

Mais brûlant de jouer son rôle officieux
Et de mêler du sien à ces déduits joyeux,
La déesse aux cent voix d'une aile plus légère
Reprend son vol et va déposer la mégère
Plus loin, vers Andenelle. — En un jeune courrier
La Discorde se change, et par un court sentier
Elle marche à grands pas; puis à perte d'haleine
Court, et bientôt arrive aux abords de l'arène.
Elle sonne du cor, elle fait de la main
Signe que l'on se range. — A cet aspect soudain
Les spectateurs surpris s'écartent, font passage.
Ce spectacle nouveau du vulgaire volage
Attire tous les yeux. Les têtes sont au vent,
Comme en été l'on voit le blé frêle et mouvant
Ondoyer à longs plis au souffle du zéphire.
Tel alors fut aussi le souverain empire
Qu'exerce sur les cœurs la curiosité,
Que le second assaut sur le champ arrêté
Se suspend. Guy se lève. Aux portes de l'arène
Le courrier essoufflé veut entrer, se démène
Pour parler en secret aux comtes de Beaufort.
Gosne vient empressé. — Le démon du discord
Lui conte du bailli l'entreprise traîtresse,
Lui fait sonner bien haut les droits de sa noblesse,
L'indignité du fait et les qu'en dira-t-on;
Bref, n'oublie aucun point dont se sert un démon
Pour ulcérer un cœur, l'enflammer de colère,
Le pénétrer de fiel, le pousser à la guerre.

Bientôt le gros des preux autour d'eux rassemblé
S'entremêle au discours, s'enquiert du démêlé.

Gosne, comme tout homme à cœur chaud, tête vive,
Découvre à tout venant l'indigne tentative :
Son air et ses regards respirent la fureur ;
L'aigreur de ses accents des preux fouette le cœur.
Discorde rit sous cape, accroît leur violence :
Tout cesse, assaut, tournoi ; tout est courroux, vengeance.

Cependant à Ciney la cloche du matin
Frappait l'azur des cieux de son bruit argentin :
On sonnait l'Angelus. — De cellule en cellule
Gromelant et grondant le vieux frère Faustule
Courait et gourmandait le chanoine tardif.
Les yeux demi-fermés, l'autre d'un ton plaintif
Répondait : je me lève, et frondait en silence
L'âpre sort qui joignait la veille à l'abstinence.

Du bailli, d'autre part, les ordres absolus
Réveillaient les manants à la porte étendus.
Il leur donnait le mot, les passait en revue,
Et, le long du rempart, les rangeait dans la rue.

Chez maître Cabolet tous les seigneurs bourgeois,
Seigneurs, je le redis, nobles comme des rois,
Même encore un peu plus : ayant titre et diplôme ;
Droit de chasse, air altier, morgue de gentilhomme ;
Les seigneurs bourgeois, dis-je, échevins et greffiers,
Gardes-bois, gardes-sceaux, gardes-ville, estafiers,
Avocats, procureurs, maîtres des hautes-œuvres,
Marchands de faux, de pots, maçons, valets, manœuvres,
Tous gens, puissants seigneurs de la noble cité,
Portant plume au bonnet et rapière au côté,
Accouraient, se pressaient et fesaient foule et presse
Devant l'huis du mayeur, chef de cette noblesse.

Lors, sire Cabolet endossa son surtout,
Superbe houppelande, où belle peau de loup
Reluisait sur un drap de laine rouge, ou rousse,
Car le temps détruit tout ; et la superbe housse
Avait depuis maint lustre orné l'auguste dos
De maint seigneur mayeur du chef-lieu du Condroz.
Plus d'un trou constatait dans cette houppelande
Des mites et du temps la voracité grande :
Même à travers les trous les yeux des indiscrets
Pouvaient du grand mayeur épier les molets.
Ensuite on amena, pompeusement ornée,
Une antique jument, fringante haquenée,
Qui nourrie au hasard de la main du destin
Montrait au naturel le portrait de la faim.
Ce fut sur ce coursier ou sur cette carcasse
Que maître Cabolet bénignement prit place.
Sous son poids le long dos du pauvre extenué
Céda comme un terrain fraîchement remué.

Il ouvre donc la marche en ce bel équipage.
Pour frayer le chemin, ses deux massiers font rage
De brusquer, de pousser et d'assommer les gens.
(La police a toujours ses petits agréments).
Derrière lui suivaient en costume d'édile,
Portant le vin d'honneur et les clefs de la ville,
Les nobles échevius montés sur des coursiers
Dont le lourd pied lançait la boue à pleins paniers.
Puis venait la justice à main sèche et crochue
Plus que pauvres manants digne d'être pendue :
L'air éqvuioque et faux de ses maigres suppôts
Semblait aux assistants dire : *Abscondite vos.*

Puis, marchaient deux à deux un essaim de donzelles
Avec cotillons blancs, tabliers à dentelles :
Ayant pour captiver les cœurs à leurs attraits
Des corbeilles de fruits, de gauffres et d'œufs frais.
Puis portant l'étendard de Monsieur St. Materne,
Le grand Gilles d'Haljoux, seigneur de la Taverne ;
S'avançait fièrement de guerriers entouré,
Sermentés défenseurs du gonfanon sacré.
Enfin, vu titre et rang, la noble bourgeoisie
Paraissait, et marchait de canaille suivie.

Déjà l'astre du jour s'élevant dans les cieux
Sur le penchant des monts lançait ses premiers feux,
Quand du grave mayeur le cortège civique,
Tournant par le rempart, atteignit le portique
Où l'attendait d'Halloy pestant sur sa lenteur.
A l'aspect imposant de son puissant seigneur
Cabolet se laissa glisser de sa monture.
Et puis, prenant assiette avec poids et mesure,
Il voulut l'honorer d'un los de sa façon.

Soit que l'émoi lui fît oublier sa leçon,
Soit qu'au feu du génie il confiât son dire,
Ou soit qu'à ses dépens le diable voulût rire :
« Ah ! messire, ah ! seigneur, quel plaisir de vous voir.. »
Fut tout ce qui tomba de l'éloquent blutoir.

Voyant qu'au magistrat le don de la parole
Jouait un vilain tour, un tour de protocole, (*)
D'Halloy sourit. Mais tôt, d'un air de dignité
Saluant le parleur triste et déconcerté,
D'un benin *c'est assez* il lui rendit courage,
Fit signe d'avancer sans tarder davantage.

On part, la vache en tête entre six fiers-à-bras :
En suivant les remparts on dirige ses pas
Vers la porte de Liége où finit la grand'rue.
Là, d'un air triomphal la brillante cohue
Commence à défiler : le sexe curieux,
Aux fenêtres partout, la suit au loin des yeux.

Sur un chemin pierreux, plein de liquide argile,
Le cortège descend jusqu'au fond de la ville,
Remonte le rempart, et dans la cour Monseur
Arrive, où revêtu des insignes d'honneur,
L'attend le grand prévôt de la collégiale,
Prélat portant croix, mitre et crosse abbatiale.
Ses vingt chanoines sont derrière lui rangés,
Vrais tableaux de carême aux regards affligés,
Qui semblent sortis d'hier de ces tristes repaires
Où Sangrado prend soin des publiques misères.

Au bailli le prélat offre le goupillon ;
Puis de cette aigre voix dont parfois le chapon
Chante, quand de chanter lui prend la fantaisie,
Entonne : *Te Deum.* — D'un ton dont l'harmonie
Décèle un manque entier de ce céleste jus
Qui fait chantres aux saints et dévots à Bacchus,
Le chapitre poursuit en marchant vers l'église.

Là, tout entre à la fois ; et la vache est surprise
De se voir en un lieu dont le bâton toujours
L'éloignait autrefois, même aux plus simples jours.
Ce fut bien pis encor, quand à l'orgue harmonique
Se joignit de ces temps la bruyante musique,
Et que tambours et cors, accompagnant les chants,
Firent un tintamarre à briser les tympans.

En elle alors l'effroi courut de veine en veine :
A la voix des chanteurs elle mêla la sienne :
Ses longs mugissements roulant sous les arceaux
Font retentir la voûte et frémir les vitraux.

En vain, pour l'apaiser, la bénigne Aldegonde
La flatte, et tour à tour la caresse et la gronde :
La peur n'a point de maître. En proie à sa frayeur
La génisse s'échappe et répand la terreur.

Comme, aux bords indiens, l'éléphant dont la lance
A déchiré les flancs, se courrouce, s'élance,
Foule aux pieds les chasseurs qui l'accablent de traits,
Brise dans sa fureur les arbres des forêts;
Ainsi la vache alors, de frayeur éperdue,
Par sauts, par bonds du temple arpentant l'étendue,
Dans sa course défie et bourgeois et soldats,
Abat meubles et bancs et les met en éclats.

Que dis-tu, Grolevoix, ô chantre titulaire !
Quand tu la vis franchir d'un élan téméraire
Tous les degrés du chœur et courir sus à toi?
Derrière ton lutrin, pâle et mourant d'effroi,
Tu voulus esquiver ses cornes et sa rage :
Mais le destin du mal attrape le plus sage;
Et la vache, attrapant ton vieux, poudreux lutrin,
Avec toi l'envoya mesurer le terrain.

Enfin, cet appareil de triomphe et de gloire
Se changeait en un deuil de funeste mémoire :
Tout fuyait en désordre, hommes, femmes, enfants;
Quand Blanchette voulant, au fort de ses élans,
Poursuivre le lutrin et détruire le chantre,
Trébucha sur tous deux, s'abattit à plat ventre.

Honteuse alors, vaincue, et l'air tout pénitent
Elle semble accuser un premier mouvement.
Tel on voit l'homme sage, ému par la colère,
Lever déjà le bras, tout prêt à satisfaire
Le courroux d'un moment : si par un prompt retour
La raison dans son âme a su se faire jour,
Il cède, et subjugué par sa douce influence,
Il suspend la menace, étouffe la vengeance.

Lors Aldegonde court à son cher animal,
Craint un membre cassé, tâte et cherche le mal.
La vache, l'œil contrit, d'un ton de repentance
Semble de la vachère implorer l'indulgence.
Celle-ci l'excusant, la plaint et lui sourit,
L'emmène sous la nef, la place au lieu prescrit.

L'ordre se rétablit. Mais on ne put reprendre
La musique et les chants ; il fallut les suspendre :
Car le meuble ayant fait et saut et soubresaut,
Le lieu saint paraissait un castel pris d'assaut ;
Et chanoines et clercs avaient tous pris la fuite
Comme si cent démons étaient à leur poursuite.
Le combat prit donc fin faute de combattants.

Alors sire d'Halloy fit sortir ses manants
Et donna l'ordre exprès de conduire la bête
Chez le sire mayeur. — L'histoire est fort discrète
Sur l'espèce d'accueil que la dame lui fit :
Animal ruminant n'est pas toujours profit.
Mais, le bailli parlant, il fallut bien se taire
Et faire bonne mine à fort mauvaise affaire.

FIN DU DEUXIÈME CHANT.

CHANT TROISIÈME.

ARGUMENT. La discorde retourne aux enfers par le Trou-Manteau. — Satan, convoque l'assemblée des Démons. — Discours de Satan, de Belzébuth, de Moloch.

Il est un avenir au-delà du cercueil :
C'est une vérité qui confond notre orgueil.
En vain, pour s'affranchir, les passions humaines
Voudraient l'inscrire au rang des choses incertaines ;
L'univers la proclame, et du secret des cœurs
Qui pressent le néant d'assoupir leurs terreurs,
S'élèvent importuns des cris cuisants d'alarmes
Qui des sophismes vains corrompent tous les charmes :
Tel, du ciel orageux perçant l'obscurité,
L'éclair à chaque instant fait briller sa clarté.

A quoi sert, ô mortels ! de vouloir par contrainte,
Arracher à vos cœurs cette vérité sainte ?
Est-ce un mérite, un don que de ne croire à rien ?
En est-on plus heureux quand on met tout son bien
A suivre un triste orgueil, source d'incertitudes,
A chercher des plaisirs pleins de sollicitudes ?

Ce que l'on ne croit pas, en existe-t-il moins ?...
Et, si tout dogme est faux ; convenez-en, les soins
Que prend l'homme pieux pour vivre pur et juste
Et n'offenser en rien la loi qu'il croit auguste,

2

N'excitent-ils en vous nulle admiration ?
N'enviez-vous jamais son aberration,
Quand, descendant au fond de votre âme lassée
De ses projets d'orgueil et de joie insensée,
Vous n'y trouvez que vide, amertume et douleur,
Et rien qui soit jamais le germe du bonheur ?
Ah ! qu'alors vous prisez cette douce folie
Qui prodigue au croyant le calme de la vie,
Et lui donne au trépas, moment si redouté,
Un ineffable espoir d'heureuse éternité :
Espoir que n'admet point une froide science
Qui laisse avec les maux les biens sans espérance ;
Qui plonge le Malheur en un deuil éternel
Sans relever jamais ses regards vers le ciel.

Pour nous, amis, exempts de la docte sottise
Que le vice enfanta, que l'orgueil préconise,
N'allons point, égarés par nos penchants pervers,
Dans la foi du néant excuser nos travers.
Nier la vérité dont on fuit la pratique,
C'est unir au désordre une triste logique.
Si Dieu pourtant existe, il veut être affirmé ;
Et du foudre vengeur son bras terrible armé
Laisse ramper le ver qui pleure sa faiblesse
Pour frapper, foudroyer l'insecte qui se dresse.

Soyons inconséquents dans notre infirmité ;
Ne désavouons point par l'incrédulité
Le limon corrompu de l'aveugle nature :
Il est pour les erreurs et non point pour l'injure
Un pardon chez l'Auteur des fragiles humains.

Mais plutôt, que, soumis à nos dogmes divins,
L'esprit range nos cœurs à leur saine doctrine.
Alors, libres de fers, fiers de notre origine,
En paix avec le ciel, avec nous-même en paix,
Nous sondrons sans terreur l'enfer et ses secrets.
Dégagés donc, amis, de frayeurs légitimes,
Notre sujet le veut, descendons aux abîmes.

———

Au pied du mont sauvage où s'élève le fort
Et l'antique castel de Renier de Beaufort,
Est un antre profond. Une forêt obscure
En voilait aux regards la secrète ouverture :
Les ronces, l'églantier et les buissons épais
Aux mortels curieux en défendaient l'accès.
Là se glissait au jour la timide belette ;
Là fuyait au soleil la sinistre chouette :
La pierre du berger tombant sur le taillis
En fesait déserter mille chauves-souris.
Le vulgaire disait que l'ennemi du monde
Habitait dans ces lieux ; et bien loin à la ronde
Les manants connaissaient, craignaient le Trou-Man-
[teau.
Manants avaient raison. Plus d'un grossier cerveau,
Guidé par cet instinct qu'on taxe d'ignorance,
Pénètre les secrets que cherche la science.

C'est, en effet, par là que l'esprit du discord
Prit chemin pour rentrer au séjour de la mort.
Sans peine il traversa la forêt épineuse
Qui récèle l'entrée étroite et rocailleuse.

Il connaît les sentiers, les replis, les détours
De l'antre tortueux moins connu de nos jours.
Le sinueux chemin qu'il suit et qui le guide
Le mène jusqu'au fond où la pente rapide
S'incline et se tortille en forme d'escargot.

Plus léger dans son vol que le prompt javelot,
L'esprit malin parcourt les secrets que la terre
Cache à l'œil indiscret du savant téméraire.
Plus il s'enfonce, plus une vive chaleur,
De l'empire infernal sinistre avant-coureur,
Le pénétrant, accroît, redouble, précipite
Sa chute vers le point où son être gravite.

Au centre de la terre est un immense creux,
Domaine de la mort, séjour obscur, affreux,
Où règne sans pitié le ministre terrible
Des vengeances d'un Dieu redoutable, inflexible.
Satan est le tyran de ce cruel séjour.
De son palais d'acier dont la massive tour
Domine un océan formé de feux liquides,
Il régit des démons les hordes homicides.
Frénétique ennemi des fragiles humains,
Furieux de se voir l'objet de leurs dédains,
Le bonheur des mortels excite ses colères ;
Il s'abreuve à longs traits du fiel de leurs misères.
Ses perfides suppôts parcourant l'univers
Troublent partout la paix sur la terre et les mers.

O Satan ! quand tu vis, au terme de sa route,
La Discorde, perçant la ténébreuse voûte,
D'un air heureux vers toi d'un plein vol s'élancer,
Un noir espoir te fit rugir et grimacer.

Ivre d'affreux plaisir, tu ne sais trop l'entendre :
Tu calcules déjà tout ce qu'on peut prétendre,
Sur un coupable orgueil, de troubles et d'excès,
De deuils, de cruautés et de nouveaux sujets.

Sous la voûte enflammée, âpre et retentissante
La trompe des enfers roule sa voix tonnante
Et d'échos en échos s'élance et rebondit.
La terre tremble au loin ; l'Averne retentit.
Un sourd mugissement pousse avec violence
Et soulève les flots de cet abîme immense.
A ce bruit tout s'émeut. Satan par ce signal
Convoque sans délai le conseil infernal.

Du fond du lac brûlant et des voûtes profondes
Sortent à cet appel des flots d'esprits immondes.
Moins pressés les épis remplissent les sillons,
Moins épais, moins obscurs volent les tourbillons
Que soulèvent les vents précurseurs des orages,
Moins serrés les grelons s'élancent des nuages,
Que, de leur chef altier reconnaissant la voix,
En essaims empressés ne fondent à la fois
De tous les sombres flancs de l'horrible caverne
Les ténébreux esprits, habitants de l'Averne.

O muse ! qui les vis, diables et diabloteaux,
S'échapper du recoin des lugubres caveaux,
Retrace dans ces vers leur forme et leur figure ;
Donnes-en le portrait tiré d'après nature ;
Emprunte de Callot, s'il le faut, le burin :
Callot, peintre du diable, est un auteur divin.

Les uns, pareils aux monts dont le front touche aux
                                                    nues,
Pourraient frapper le ciel de leurs têtes cornues,
Grifferaient de leurs pieds le centre des enfers,
Et de leur queue immense enceindraient l'univers :
Les autres, tout petits, légers comme vétille,
Passeraient sans toucher, par le trou d'une aiguille.
Ceux-ci sur deux piquets ont un corps d'éléphant,
La tête d'un taureau, des bras d'orang-outang :
Ceux-là de l'écureuil ont la taille folette
Et tête de linot sous bonnet de coquette.
D'autres de pied en cap armés, frappant d'estoc,
Vont à franc étrier à cheval sur un coq.
On en voit se ruer vers la noire assemblée
Accroupis sur le dos d'une écrevisse ailée.

Les démons d'avocats du chien ont le gosier,
Dents et griffes de chat, une queue en papier :
Ceux des graves docteurs, d'un air plein de mystère
Vont pas à pas, lançant aux yeux force poussière.
Ceux des abbés musqués arrivent sac au dos
Plein d'offices mal dits et de pieux bons mots.
Ceux des vieux libertins portent ample perruque
Où s'accroche un vieux singe enfourché sur leur nuque.
Ceux des jeunes dandys ont moustaches, toupet,
Verbe haut, fière allure et tête de baudet.
Enfin il n'est figure, accoutrement bizarre
Dont l'infernal caprice à l'envi ne les pare.

A la porte de fer du redouté manoir
Tous arrivent en foule, ainsi qu'on voit le soir
Les essaims bourdonnants, de retour des prairies,
Assiéger les abords de leurs ruches chéries.

Les géants pour entrer en petits se changeants,
Les moindres pour briller de petits se font grands.
Ainsi dans toute Cour ou du diable ou des hommes
Jamais nous ne pouvons entrer tels que nous sommes.

Au milieu du palais où Satan fait séjour
Est un vaste champ–clos dont l'immense pourtour
S'élève en colysée et par gradins s'abaisse.
La troupe des démons et l'occupe et s'y presse :
Comme un roc escarpé Satan au centre assis
Fait planer son regard en fronçant les sourcils.
Sa main tient le trident signe du rang suprême,
Un cercle à fers aigus lui sert de diadème.
Les voyant rassemblés, il leur parle en ces mots :

« O vous ! qui partagez et mes biens et mes maux,
» O vous ! que le malheur soumit à mon empire,
» Ennemis comme moi de tout ce qui respire,
» Que de preuves de zèle ont signalé vos bras !
» Par d'éclatants succès calculant vos combats,
» Alors même qu'un Dieu mourut pour nous détruire,
» Que vous avez trouvé d'occasions de nuire !
» Excitant tour à tour et Goths et Visigoths,
» De la dissention invincibles suppôts,
» Vous avez des Romains écrasé la puissance.
» Même en ces derniers jours, votre persévérance,
» Des croisés désunis arrêtant les transports,
» Fit enfin sous Tunis expirer leurs efforts.

» Compagnons de ma gloire ! une guerre nouvelle
» Source de mille maux réclame votre zèle,
» Et promet à l'enfer une riche moisson.
» La Discorde (il m'est doux de proclamer son nom)

» Vous en expliquera la cause et la nature.
» Pour vous, dignes amis, que chacun de vous jure
» De l'aider en tous lieux, de lui prêter secours ;
» Mon amitié saura par de justes retours
» Reconnaître vos soins, payer l'ardeur sincère
» Que chacun de vous tous déploîra pour me plaire. »

Il dit. De toutes parts un sourd frémissement
S'élève, et des démons montre l'assentiment.

La Discorde se lève, et sa longue harangue
Part du jour où la femme eut le don de la langue ;
Puis au déluge vient : de propos en propos
Marque l'an où Ciney fit sa première faux,
Exalte ses cougnoux, vante sa poterie
Et ses gâteaux au miel et sa dinanderie ;
En trois heures de temps arrive au désarroi
Que produit, produira l'entreprise d'Halloy :
Assaisonne le tout de ces airs de commère
Et de ces quant-à-moi qu'aime tant le vulgaire.

Pendant ce long babil qui les met sur les dents,
Les uns pleins de dépit roulent des yeux ardents,
D'autres tirent la langue, étendent leurs griffailles,
Se battent les deux flancs, font sonner leurs écailles.

Enfin lord Belzébuth se lève. A son aspect
Tout rentre en un silence, emblême de respect.
Belzébuth de Satan est le premier ministre :
Le soupçon, la fureur brille en son œil sinistre.
Envieux, en effet, que son Maître et Seigneur
Paraisse à la Discorde accorder tout l'honneur
Et le commandement de la présente guerre,
Il ne peut contenir le feu de sa colère.

« Eh ! que nous font à nous, dit-il, ces hobereaux

» Et leurs prétentions, et leurs droits féodaux ?

» Laissons-les, croyez-moi, disputer de chevance,

» Fiefs en bas, fiefs en l'air, francs alleux et mouvance ;

» C'est bien assez pour eux, quand ils viennent nous
                                                [voir,

• Que nous mettions nos soins à les bien recevoir ;

» Encore, dans ces lieux, sans doute par manière

» Trouvent-ils de bon ton de sembler se déplaire.

» Employons mieux le temps. Vengeons les Sarrasins :

» Que l'empire des Grecs s'écroule sous leurs mains.

» Car d'avoir des sujets, est-ce là ce qui peine ?

» Il en vient à foison : chaque jour en amène.

» Ici n'avons-nous pas à côté du vaurien

» Et le roi catholique et le roi très-chrétien ?

» Des peuples souverains, des chefs de république ?

» Des moines, des curés, des conseils de fabrique ?

» Cent avoués pour un, des milliers d'avocats ?

» Des juges trop savants, d'intègres magistrats

» Dont l'équité rigide a son côté facile ?

» Des ministres altiers dont la fierté vacille

» Aux appas séduisants d'un courtois pot-de-vin

» Qui sait, quoique chassé, s'arrêter en chemin.

» Des bavards patentés, du peuple mandataires,

» Dont le zèle discret enrichit fils et frères ?

» Puis ces nobles filous, anonymes voleurs,

» Qui transforment l'argent en papiers non-valeurs ?

» Et ces infortunés que des destins prospères,

» A force de faillir, rendent millionnaires ?

» Ces administrateurs fonctionnant gratis

» Qui sur le bien public font des menus-profits ?

2*

» Et ces bons citoyens , à deux serments par place ,

› Qui, ministres changeants, font change de grimace ?

» Et tous ces faux-semblants , chrétiens et libéraux ,

» A l'église mondains , dans le monde dévots ?

» Et ces saints usuriers, tous les jours à la messe,

› A quinze cents pour cent tuteurs de la jeunesse ?....

› Que nous faut-il de plus ?.... Ne croyons pas tenir

» Ce que tiennent encor les mains de l'avenir.

› Pour moi, des noirs secrets dévoilant les mystères,

» J'en ai depuis longtemps fait part à mes sorcières.

» Par elles , du Condroz aveuglant les esprits ,

» Je règne en souverain sur cet heureux pays.

» Des Beauforts révoltés que m'importe l'audace ?

› Il n'est point de fureur qu'à la fin on ne lasse.

« Si je laisse mon peuple en proie au désespoir

» Qui voudra désormais respecter mon pouvoir ? »

Ainsi , que sur le dos de la plaine azurée ,
Quand , disputant l'empire, et l'Autan et Borée
Poussent flots contre flots divisés en deux camps ;
L'onde mugit, écume , et les flots blanchissants
Semblent, sans se mêler, retourner en arrière :
Ainsi gronde et rugit la vaste démonière ,
Toujours de même avis pour nuire au genre humain ,
Mais alors partagée entre son Souverain
Et le lord Chancelier dont l'altière éloquence
Désunit les esprits et les met en balance.

Ministre de la guerre et barbare tyran ,
Moloch dont les autels jadis en Chanaan
Burent le sang humain, s'abreuvèrent de larmes,
Moloch parle à Satan : « Eh! qu'importe les armes

» Qui nous servent, Seigneur, pour perdre les mortels?
» Laissons l'homme honorer ou briser nos autels,
» Pourvu qu'à ses malheurs notre haine applaudisse.
» Il est mieux que chacun de vos sujets s'unisse
» Au parti qu'il se croit en droit de préférer.
» C'est d'un tel désaccord que l'on peut espérer,
» Par un double concours contre l'humaine race,
» Dans le cœur des mortels plus de fiel et d'audace,
» Et pour le noir empire un profit plus certain. »

Il dit, et son discours calme le fier dédain
De Satan courroucé qu'un chef de son empire
Ait en plein parlement osé le contredire.
Son aspect refrogné redevient moins hideux;
Son air dit à chacun : va, fais ce que tu veux.

Comme un essaim d'oiseaux s'agite, bat des ailes,
Fuit aux pas du chasseur ses retraites fidèles;
Ainsi, dès ce moment, démons et diabloteaux
S'élancent dans les airs comme des étourneaux.
L'un remonte son coq, l'autre son écrevisse;
Chacun va, vole, vient, tournoie à son caprice.
On dirait un troupeau d'écoliers pétulants
Qui, sortant de l'école, ont pris la clef des champs.

Satan par un signal met fin à ce tapage.
Alors suivant son goût la foule se partage.
L'un tire vers Satan, l'autre vers Belzébuth,
Et d'un zèle empressé leur offre le tribut.

FIN DU CHANT TROISIÈME.

CHANT QUATRIÈME.

ARGUMENT. Les comtes de Beaufort arrivent devant Ciney. — Le chapitre et les bourgeois tiennent conseil. — Le héraut des Beauforts
est insulté. — Le Bailli Jean d'Halloy arrive et met fin à l'assemblée.

Que fesiez-vous , Ciney , dans ce moment critique
Où le noir parlement du peuple diabolique
Machinait vos malheurs , et par un double accord
D'amis et d'ennemis conspirait votre mort ?

Les têtes de l'état sans doute plus sensées
Portaient vers l'avenir de sinistres pensées :
Mais le vulgaire , ami du bruit et du clinquant ,
Souriait au reflet du brillant incident
Qui jetait un éclair sur sa paisible vie.
La gent enjuponnée était surtout ravie
D'avoir eu un moment trouvé pour bien des jours
Matière à des cancans , texte à de longs discours.
Le prochain y gagna. Les langues féminines ,
Oubliant quelque temps et voisins et voisines ,
Glosèrent sur la vache en tout honneur et bien

Blanchette fit fureur , et notre historien
Dit même qu'on allait (son récit est fidèle)
Orner de ce beau nom quelque mode nouvelle ,

Quand l'Oiseau trouble-fête aux cent voix, aux cent yeux,
Vint troubler les caquets par des bruits bien fâcheux.

Une vague rumeur dit que Gosne en colère,
Pour venger son affront, va déclarer la guerre.
On ne veut pas y croire, on n'y croit pas du tout.
» Un beau sujet de guerre, une vache! et surtout
» Que des sires Beaufort c'est une redevance
» Due à l'Eglise, au prince, en vertu de mouvance.
» Oseraient-ils braver le pouvoir suzerain! »
Mais ce bruit de douteux devint bientôt certain.

C'était alors le temps où l'ardente écrevisse
Héberge le soleil au palais du Solstice;
Ou, pour parler plus clair, c'était au mois de Juin.

Un dimanche, au sortir de l'office divin,
Les paisibles bourgeois, en pleine quiétude,
Goûtaient sur leurs remparts, selon leur habitude,
Ce charme qui succède à l'acquit d'un devoir.
Le soleil regagnant son humide manoir,
De feux déjà moins vifs jaunissait la colline
Qui sépare Ciney du village d'Emptine:
Quand soudain l'on entend au loin dans le vallon
Qui s'étend de Chaltin au hameau de Biron
Les sonores échos de la trompe guerrière.
Bientôt après l'on vit une épaisse poussière
S'allonger sous les pas des coursiers hennissants:
Puis, l'oblique reflet des rayons pâlissants
Fit scintiller ses feux sur mille fers de lance.

Au penchant du vallon une troupe s'élance
Et gravit au galop le rapide coteau
Où de Biron jadis s'élevait le château.

La troupe, en s'avançant, et défile, et se place
En rangs serrés le long du plateau qui fait face
A l'insigne cité. Du faîte du donjon
Le corneur les voyant fait retentir le son
De sa corne plaintive. A ce signal d'allarmes,
Quittant les cabarets et courant à leurs armes,
Les guerriers de Ciney, pleins de bierre et d'ardeur
Se rendent à leur poste. En proie à la stupeur
Les bourgeois sur les murs sont tout yeux, tout oreilles.
Sur la pointe des pieds et bayant aux corneilles,
Ils sont là contemplant de la bouche et des yeux
Ce spectacle émouvant. Le tocsin dans les cieux
Redouble la terreur. — Bientôt sur la bruyère
S'élève des Beauforts l'éclatante bannière.
Elle occupe le centre entre mille étendards
De nombreux chevaliers venus de toutes parts
Envers et contre tous soutenir la querelle.
Le sire de Spontin avec le sieur de Celle
Sont placés à la droite au lieu dit Surlemont.
A gauche est Luxembourg. Du moulin de Biron
Sa troupe se prolonge aux terres de Masogne.

Ce n'est pas, chers amis, une maigre besogne
De nombrer tous les chefs et les corps différents
Qui vinrent se mêler à ces débats sanglants.
Et maître Hincmar, mon guide, auteur très-véridique,
Ne pouvant s'étayer d'aucun acte authentique,
Ici me laisse court. Par bonheur en mes mains
Naguères sont tombés quelques vieux parchemins
Qu'un jour j'éditerai pour ma plus grande gloire.
Mais, ores, reprenons le fil de notre histoire.

Les Cinaciens voyant tant de gens s'assembler ,
Conçurent des soupçons qui les firent trembler.
On court chez le mayeur; on lui conte la chose.
Sa femme était absente ; et cependant il ose
Demander au prévot son avis en secret.
Mais lui , ne voulant pas prendre sous son bonnet
De donner un conseil en un cas si critique ,
Va trouver le bailli. — Sans fleurs de rhétorique,
Furieux du retard , au premier compliment ,
D'Halloy l'envoie au diable. Et puis , se ravisant ,
Beaucoup moins par respect , que par crainte fondée
D'être seul en plein air pour recevoir l'ondée ,
Il radoucit le ton et demande au prélat
De vouloir assembler son révérend Sénat
En salle de Chapitre; et là , selon l'usage
De convoquer le maire et son échevinage
Avec tous les docteurs et gros bonnets du lieu.

Mais , en homme prudent , il se fiait très-peu
Sur l'appui du prévôt et de la bourgeoisie.
Au reste , gagner temps c'est toujours gagner vie.
Il charge Vitecourt, son fidèle écuyer ,
De se rendre à Dinant , seul , à franc étrier ,
D'aviser Rochefort , de l'appeler en aide
Avec ses Dinantais. — Pendant cet intermède
Le Parlement s'assemble. — Après le grand mayeur
Viennent les échevins. C'est Jean-François Sans-Peur,
Ainsi nommé depuis qu'en un jour de carnage
Il remplit ses cuissarts du poids de son courage.
C'est Ansiaux, c'est Dinon, qui, tous deux gens de bien,
Sinon qu'à disputer ne s'accordent en rien :

Puis le barbier Vincent qui , vif comme les gnomes ,
Aux dames fait la cour , rase et coiffe les hommes.

La salle se remplit. Les gens de bon conseil ,
Gens toujours , comme on sait , nombreux sous le soleil.
Arrivent à foison. — Antique et surannée ,
Au fond de cette salle , une ample cheminée
Sur deux appuis sculptés s'élevait comme un dais.
Un vieux fauteuil de chêne orné d'un cuir épais
Était placé dessous. Autour , vingt escabelles ,
Authentiques débris des eaux universelles ,
Réguaient en demi cercle. Et puis , le long des murs
Un cordon de vieux bancs sur des appuis peu sûrs
Recevait en craquant , aux grands jours des comices ,
Les seigneurs magistrats , les clercs et les patrices.

Bientôt l'airain claustral annonce le prélat ,
Qui , suivi du chapitre en aumusse , en rabat ,
Entre , et d'un pas tardif se traîne vers son siége.

Il se place , et la foule usant du privilège
S'assied et fait silence. — Or, le prélat, toussant,
Fait l'exposé du cas et du danger pressant.
Il demande conseil ; il veut qu'on délibère.

François Sans-Peur se lève et sa pose guerrière
L'annonce impatient de voler aux combats :
« Sommes-nous Cinaciens , ne le sommes-nous pas ? »
Dit-il..... Mais comme il va poursuivre sur ce thème
En vrai Cincinnatus , la porte au moment même
S'ouvre des deux battants. Au regard étonné
Paraît soudain , s'avance un vieux nain décharné
Qui s'appuie en marchant sur sa longue baguette.

C'est un héraut. Sur lui l'assemblée inquiète
Fixe des yeux perçants. Lui promène les siens
Par deux fois sur les bancs des seigneurs Cinaciens.
Puis il parle en ces mots : « O noble bourgeoisie,
» Dont l'univers entier connaît la courtoisie,
» Que le ciel vous bénisse et garde de tous maux !
» Vous voyez devant vous un des humbles vassaux
» Des comtes de Beaufort. De par leur Excellence,
» Hauts et puissants seigneurs, soit dit sans votre offense,
» Il vient auprès de vous humblement réclamer
» La vache qu'en vos murs est venu renfermer
» Messire Jean d'Halloy. Sieurs bourgeois, soyez sages :
» De la Fortune, à temps, prévenez les outrages ;
» Car je tremble pour vous si l'archange mauvais
» Allait vous inspirer des refus indiscrets.
» Que de malheurs sur vous !..... Que Dieu me le par-
                                        [donne,
» Mais, rien qu'en y songeant, je sens que je frissonne.
» De leur chef, les Beauforts sont doux comme moutons :
» Mais au moindre refus, ce sont de vrais démons
» Qui porteraient la guerre aux quatre coins du monde.
» Pensez, que voulez-vous que pour vous je réponde ?
» Mais pensez-y deux fois.... — Il te sied bien, magot,
» Avec ton air pleureur et ton dos d'escargot,
» De venir prendre ainsi le ton de la menace !
Dit Sans-Peur furieux et sautant de sa place.
» Va dire à tes Beauforts que nous n'avons ici
» Ni vache d'eux, ni veau, ni cochon, Dieu merci.
» Pour celle que tu dis, est-ce à nous à la rendre ?
» Parle au diable, à d'Halloy. Parbleu ! je veux me
                                        [pendre

» Avec ta vache aux pieds , si jamais on a vu

» Faire tant de fracas pour un veau d'un écu.

» Et puis, voyez, seigneurs, quel homme on vous envoie !

» Un rebut de nature , un imbécille , une oie,

» Un ladre , un vil croquant.... — C'est à toi qu'il sied
[peu ,

» Dit le vieillard outré , de jeter tant de feu.

» Il ne t'est plus présent, sans doute, ou peut le croire ,

» Ce jour qui fit briller ton courage et ta gloire

» En peignant tes houseaux »…. le prélat à ces mots

Craignant un mot de plus : « Holà ! hé ! quels propos !

» Est-ce ainsi que l'on parle en bonne compagnie ?

» Fi donc ! nous régaler , de fiente et vilenie !

» Holà ! Seigneurs , holà ! Tout doux , asseyez-vous :

» Revenons à la vache , et trève de courroux !

» Parlez , sire Mayeur , et que votre sagesse

» Mette fin au débat. » — Lors, Cabolet se presse,

Tout enchanté qu'il est d'un si beau compliment ,

De se dresser sur pieds. Mais , ô sort malveillant !

Un clou malencontreux le fixe à la banquette.

Il s'efforce : le lacs qui serrait sa braguette

Se casse…. Imaginez quel est son embarras

Pour empêcher de fuir l'étui des Pays-Bas.

Dire qu'alors on rit , c'est peut-être trop dire :

De graves sénateurs ne peuvent que sourire.

Mais tout ce que je sais , c'est que Paul Cabolet

Se rassit au plus tôt en haussant son volet.

Le turbulent Dinon tout aussitôt se lève :

« Concitoyens, dit-il , que la peste me crève ,

» Si je comprends un mot de tout le baragouin

» Que nous a débité ce vieux singe babouin.

» C'est la vache qu'il veut ? Eh bien ! qu'on la lui donne.
» Et pour bien l'assurer qu'il l'a bien en personne ,
» Qu'on le juche dessus. Certe , un si beau coursier
» Sera digne en tout point d'un semblable courrier.
» C'est là mon seul avis , et qu'il s'en aille au diable. »

« Mais ce n'est pas le mien , dit Ansiaux l'intraitable,
» Pouvons—nous oublier que la vache est un droit,
» Un hommage , un tribut , et que ce tribut doit
» Être remis au prince , et que d'Halloy lui-même
» N'en pourrait disposer que par arrêt suprême ? »

« — Disposer ! dit, poussant la porte avec fracas ,
» La dame Cabolet : ah ! vous n'y pensez pas.
» Zeste de vos arrêts ! Croyez-vous qu'on nourrisse
» Sans qu'il en coûte rien une telle génisse ?
» Certe , il ferait beau voir qu'on vînt me la ravir
» Pour en faire un cheval à ce petit visir.
» A pied il est venu , qu'à pied il s'en retourne.
» Et vous , Seigneurs, je crois que la tête vous tourne
» De mettre en question ce qui n'est pas à vous.
» Qu'on y vienne !.... « — Tout doux , ma commère ,
[tout doux !
» Dit alors le vieillard ; voyez ce que vous faites.... »
— « Eh ! tu parles donc, toi, l'empereur des squelettes !
» Je vois ce que tu veux : eh bien ! va, tu l'auras ! »

En finissant ces mots , elle le prend au bras ,
Et , d'un rapide élan qu'excite la colère,
Le fait pirouetter et le couche par terre.
Il veut se relever : l'infatigable main
Le rattrape aux cheveux. Mais , ô coup du destin !
Cette main qui cherchait à lui rompre la nuque,
Ne tient en cet instant qu'une sale perruque....

Pendant tout ce fracas, ce vrai tohu-bohu,
Voilà que le Bailli survient à l'imprévu.
Il voit couché de long et mangeant la poussière
Le héraut des Beauforts. Sa postiche crinière
Est aux mains de la dame et sert de martinet.
Le Prévôt éperdu ne sait plus ce qu'il fait.
Le tumulte est au comble, et, malgré la sonnette,
Le Chapitre et les clers vont faire la retraite :
Car, la Discorde aidant, le bouillant tiers-état
Va changer le Chapitre en salle de combat.

A l'aspect du Messire, au bruit de son armure,
Le fracas cesse. Alors succède un long murmure
Semblable aux sons bruyants que forme sur les eaux
Quand l'orage finit, le claquement des flots.

On regagne sa place : on attend en silence.
Tous craignent de d'Halloy la fougueuse éloquence.
Mais le Bailly, prudent en un tel brouhaha,
Souriait dans sa barbe en mettant le holà.
Pour des paroles, point. Tout étant à la guerre,
Guerre qu'il désirait, rien ne restait à faire.

Cependant, pour la forme, il blâma les bourgeois
D'avoir d'un député, contre toutes les lois,
Souffert qu'on outrageât la personne sacrée.
Puis, réparant les torts de la foule égarée,
Il relève le nain, lui parle avec douceur,
Cherche à le rassurer, et d'un air protecteur
Le fait par sauf-conduit guider jusqu'à la porte.
Mais il donne en secret l'ordre qu'avant qu'il sorte,
Pour prix de son message on lui baille tout dru
Sans autre compliment un coup de pied au......

Ici, bénin lecteur, nous fait faute la rime.
Ne t'en prends pas à moi, car l'auteur anonyme
Que je copie ici, que pas à pas je suis,
A laissé cette rime en blanc dans ses écrits.
Aussi bien ce passage est-il une trouvaille
Dont pourra s'emparer l'érudite antiquaille.
Quant à nous, chers amis, gardons-nous d'y toucher
On gâte son ouvrage à trop bien le lécher.

Mais, pendant qu'yeux baissés, âme triste et chagrine,
Vers le camp des Beauforts notre héraut chemine,
Reposons-nous un peu. Le Dieu-Muse est des dieux,
Des déesses aussi, le plus capricieux.
Le veut-on? il s'en va : le suit-on? il s'échappe :
Pense-t-on le saisir? il est déjà sous trappe.

FIN DU CHANT QUATRIÈME.

CHANT CINQUIÈME.

ARGUMENT. Le comte de Rochefort, avoué des Dinantais envoie
   Vitecourt à Liége. — L'écuyer tombe au milieu d'un sabbat des
   sorcières du Condroz. — Description du camp des Beauforts. —
   Portraits des principaux chefs : Beaufort, Fallais, Rigald, Alice,
   Gosne, Spontin.

Qui peut avec raison, blâmer nos bons aïeux
De ce qu'aveuglément, et croyants et pieux,
Ils s'éprenaient souvent d'innocentes chimères
Et ne voyaient partout que démons et sorcières ?
Notre orgueil éclairé vaut moins que leurs erreurs
Et moins qu'eux nous avons de justice et de mœurs.

Que la Foi simple et pure est une belle chose !
Qu'elle est utile a tous lors même qu'elle cause
D'enfantines terreurs, d'aveugles préjugés !

Par elle des méchants les justes sont vengés :
Ils trouvent dans leur cœur une auguste espérance
Qui soulage les maux, adoucit la souffrance.
Le pauvre a pour trésor un heureux avenir,
Et le riche croyant ménageant le plaisir
Ne se meurt point d'ennuis au sein de la mollesse.
La Foi, sévère et douce, embellit la richesse,
En étanchant la soif du désir irrité
Dans l'usage chrétien de la prospérité.

L'amour unit deux cœurs? mais pour être durable,
Ardent, délicieux, constant, inaltérable,
Ce lien par la Foi doit être cimenté,
Et dans le sein de Dieu puiser sa charité.

Enfin, dans tout état, et quoi que l'on suppose,
Le bonheur, sans la Foi, manque de quelque chose.
L'homme pour être heureux, réclame un point d'appui
Et s'il méconnaît Dieu, quel vide affreux en lui !

Laissons donc nos héros s'amuser de sorcières,
Souffrons-les plus contents avec moins de lumières ;
Un siècle philosophe est par trop soucieux :
Le savoir a du prix, mais le bonheur vaut mieux.
Pour preuve, retournons à notre histoire antique :
Les faits ont plus d'éclat qu'une froide logique.

———

L'écuyer Vitecourt trottant et galopant
Arrivait, nuit tombante, aux portes de Dinant.
L'écharpe qu'il portait aux couleurs de son maître
Des gardes et des chefs le firent reconnaître.
Il entre : et sans délai le commandant du fort
Le fait par deux archers conduire à Rochefort.
L'Avoué des Copers avait vent et nouvelle
De ce qui se passait. En vain dans la querelle
On avait au tournoi tenté de l'engager.
Objet d'un ridicule, il ne put partager
Des bouillants chevaliers la colère hautaine.
Le cœur plein de dépit, il s'éloigna d'Andenne
Et revint à Dinant, où, dès les premiers jours,
Il se mit en mesure, appela des secours.

C'était pour l'écuyer un moment bien propice.
Rochefort lui promit de sa brave milice,
Avec six cents bourgeois, quatre cents cavaliers
Commandés par Desprez, la fleur des chevaliers.
« Moi-même aussi, dit-il, si la troupe rebelle
» Ne porte point ses pas vers notre citadelle,
» Par de nouveaux renforts j'irai vous soutenir.
» Mais le danger s'accroît, il faut le prévenir.
» Pendant que nos guerriers vont repousser le siége,
» Vitecourt, sans tarder, tourne bride vers Liége ;
» Avertis les Liégeois et que de prompts secours
» Renversant des Beauforts les châteaux et les tours,
» Fassent diversion à leur ardeur félonne. »

Il dit, et l'écuyer, qu'un succès aiguillonne,
Vole, rempli d'espoir à de nouveaux succès.

La nuit l'enveloppant de ses voiles discrets,
Il reprend son chemin par les bords de la Meuse,
Laissant Bouvigne à gauche et sa tour orgueilleuse.

Il cheminait vers Liége en suivant le sentier
Qui mène sous Poilvache. A ses projets entier
Son esprit galopait ainsi que sa monture,
Quand, arrivant au sein d'une forêt obscure,
Tout-à-coup le coursier frisonne sous son bras,
Hennit, bronche, se cabre, et recule six pas.

Vitecourt effrayé, sortant comme d'un rêve,
Ouvre deux larges yeux. — Un grand bûcher s'élève
Au fond d'une clairière. Autour dansent en rond
Sorcières à long nez, démons cornes au front.
L'effroi le glace : il veut retourner en arrière,
Lorsqu'un bras inconnu le saisit par derrière

L'enlève de la selle et le porte d'un coup
Au milieu des horreurs du sabbat loup-garou.

Des cris assourdissants, de longs éclats de rire
Accueillent Vitecourt, et la troupe en délire
L'environne en dansant, l'appelant par son nom.
L'écuyer perd la tête et va perdre l'aplomb.
Mais soudain le bruit cesse : au feu tous s'accroupissent,
Sorcières et démons. Seuls, les échos gémissent.

Vorx, reine du sabbat, alors vers l'écuyer
S'avance : « Rien ici n'est fait pour t'effrayer,
» Dit-elle, Vitecourt : car tu nous dois la vie.
» Tu ne savais donc pas que l'armée ennemie
» Occupe les abords du chemin que tu suis ?
» Mais ne crains rien. Tu vois les enfants de Maugis,
» Ce célèbre enchanteur dont la science occulte,
» Fesant surgir Poilvache au front d'un roc inculte,
» Préserva le Condroz du joug des Sarrasins.
» Là, les pieds de Bayard sur le rocher empreints
» Attestent de Renaud l'immortelle présence.
» Ici, l'on t'attendait : car ton imprévoyance
» T'exposait au trépas et perdait sans merci
» Le Condroz, notre amour. Reste un instant ici.
» Laisse à nous, tes amis, le soin de ton voyage :
» Il sera prompt, heureux ; nous t'en donnons le gage.

En achevant ces mots, elle fait un signal.
D'un air humblement fourbe un esprit infernal
Approche, perce une outre. Une corne de verre
S'emplit pour Vitecourt de l'or d'un vieux madère.
Il vide en écuyer, c'est-à-dire, d'un trait.
L'assistance applaudit, et la corne à souhait

3

De l'outre incessamment passe au gosier du sire.

Le vin lui rend du cœur. En soi-même il admire
Le nectar enchanteur des celliers nécromants.
On médit, se dit-il, de ces honnêtes gens :
On gagne à les connaître. — Or ce vin bénévole,
En excitant ses sens, lui rendit la parole.

« Sieurs et dames, dit-il, ô qui que vous soyez,
» Esprits, sylphes, démons, sorcières ou sorciers,
» Qu'importe ! à cela près, je veux jurer ma vie
» Que je n'ai jamais vu si bonne compagnie,
» Ni bu de si bon vin... Que les gens sont méchants
» De faire peur de vous à nos petits enfants !
» Ah ! que n'ai-je eu plus tôt l'honneur de vous con-
           naître !
» Mais vous dansiez, je crois?... Allons, je veux en être
» Pour vous remercier... Ah ! bonnes gens, bon vin !.. »

En redisant ces mots, il va tendre la main
A son aimable hôtesse. Aussitôt l'assemblée
Se remet tout en branle et danse à la volée.

Notre hôte que le vin a mis en belle humeur,
Fait des sauts merveilleux ; et le burlesque chœur
L'excite et l'applaudit, riant à gorge pleine.
C'est un vacarme affreux. Tout s'émeut dans la plaine.
Lapins, lièvres et cerfs, gros et menu gibier
Désertent de terreur gîte, forêt, hallier.
Manants oyant le bruit, voyant feux et lumières,
Se blottissent tremblants au fond de leurs chaumières.

Pendant que Vitecourt chantait, fesait ses sauts,
L'enivrante liqueur se glissait dans ses os,
Embarrassait sa langue, alourdissait sa tête;
Et fit tant qu'à la fin le héros de la fête

Roula sur le carreau privé de tous ses sens.

Tout cesse alors, clameurs, danses, rires et chants.
Au loin dans le vallon règne un morne silence
Qu'à peine peut troubler la brise qui balance
Le feuillage oscillant du tremble et du bouleau.

Mais, chut! quel bruit lointain nous apporte l'écho?...
Je ne sais, chers amis... Mais lorsque la nature
Voile à l'ombre des nuits, sa brillante parure,
Le calme enveloppant l'immensité des cieux,
L'ouïe alors s'accroît par le repos des yeux.
Écoutons... Mais ce bruit doit être peu de chose :
Retournons à Ciney pour en chercher la cause.

————

Le retour du héraut apprit aux assiégeants
Que les seigneurs-bourgeois, bien que fort bonnes gens,
N'étaient pas toutefois d'humeur si pacifique,
Qu'un appareil guerrier leur coupât la réplique :
Qu'il fallait réprimer leur belliqueuse ardeur
Et par un siége en forme inspirer la terreur.
Avis fut de camper. La trompette guerrière
Sonna, quand de la nuit l'étoile avant-courrière,
Parut en scintillant aux célestes sentiers.

On rompt partout les rangs. Fantassins, cavaliers,
A grands coups de marteau fichent les pieux des tentes.
A la voix des Beauforts les mains obéissantes
Mesurent le terrain et creusent des fossés
Dont les déblais mouvants sur les bords entassés
Se dressent en talus, s'élèvent en murailles
Où l'on brave les torts du destin dès batailles.

De Surlemont d'abord vers Birou prolongé,
En trois corps différents le camp est partagé.

Chaque corps est borné par une large rue :
Puis un triple chemin dans toute l'étendue
Les divise chacun en trois compartiments.
Le centre est pour le chef et ses nobles tenants.
Les braves poursuivants de la chevalerie
Sont placés sur le front, et l'arrière partie
Echoit aux varlets, serfs et vulgaires guerriers.

Au caprice des vents flotte en tous les quartiers
La bannière du chef entre mille bannières.
Mais, au centre, semblable à des vagues altières,
L'étendard des Beauforts s'épand en longs replis
Qui de loin frappent l'œil du voyageur surpris.

Les guerriers, cher lecteur, dépêchent les besognes :
Car l'astre ami des Saints, des voleurs, des ivrognes,
Qui poursuit le soleil dans le dôme des cieux,
N'avait point secoué la moitié de ses feux
Sur les champs argentés, sur les tremblantes ondes,
Que déjà les remblais et les fosses profondes,
Que les tentes, enfin tout ce qui forme un camp,
Etait dressé, creusé, fait par enchantement.
A minuit tout était dans un profond silence.
Les seuls gardes du camp, de distance en distance,
Marchant sous leur armure avec la lance au bras,
Fesaient gémir les airs de l'écho de leurs pas.

Profitons de ce calme : ami, par la pensée
Glissons-nous prudemment sous la tente affaissée.
Connaissons ces héros dont la noble valeur
Méritait un objet plus digne de leur cœur.

Oh ! que l'âme de l'homme est un profond mystère !
Qu'un faux dehors souvent, qu'une attitude fière,

Couvrent de maux secrets, de soucis dévorants !
Que de fois l'homme altier envie aux humbles rangs
Leurs tranquilles amours, leur douce indépendance !
Mais, ô triste retour ! la joyeuse indigence
Méconnaît son bonheur et brûle de s'asseoir
Au banquet soucieux où gémit le pouvoir.
La Nuit nous pèse tous d'une balance sûre.
Pour elle du repos l'or n'est point la mesure :
Sur l'humble et le puissant agitant ses pavots,
Emule de la mort qui nous rend tous égaux,
C'est sur le fond des cœurs qu'elle assied sa puissance.
Elle éveille le crime, et berce l'innocence.

La tente où nous entrons est celle de Beaufort.
Arrêtons-nous, ami, tenons-nous sur le bord.
Ce prince, dont un jour le nom fera l'envie
Des plus nobles seigneurs ; en proie à l'insomnie,
Jette sur ses deux fils, couchés auprès de lui,
Un regard qui du ciel semble implorer l'appui.
Paisible citoyen, le tumulte des armes
Pour lui depuis longtemps avait perdu ses charmes :
Seigneur juste et puissant, mais père malheureux,
La guerre l'entraîna dans son cours furieux.
Il se crut offensé dans l'offense d'un frère ;
Et pour apprivoiser au métier de la guerre
Ses deux jeunes enfants, uniques héritiers
De ses biens, de son nom et d'illustres lauriers,
Il les ravit trop tôt à l'aile maternelle.
Fortuné, si la guerre à sa scène cruelle
N'avait dès le jeune âge accoutumé leurs yeux !
Plus tard, en simulant les joûtes dans leurs jeux,

Par un double trépas un même coup de lance
N'eût point de leur courage expié l'imprudence.

Cette tente voisine est celle de Fallais.
Craignons de l'éveiller : il savoure à longs traits
Les charmes du repos, tandis que dans la nue
La Mort plane, et sur lui tient sa faux suspendue.

Tu vois à ses côtés son fils. Dans le sommeil
Rigald craint les soucis qui guettent son réveil.
Son cœur est malheureux ; et sa triste existence
Fait un crime au destin de sa haute naissance.

Rigald aimait Alice, innocente beauté,
Qui joignait aux vertus cette noble fierté
Qui corrige du sort la faveur inégale.
Mais Alice n'était qu'une simple vassale
Dont Rigald orphelin fut le frère de lait.
Nourris au même sein ; unique et doux objet,
D'une commune mère, une même tendresse
Reçut leurs premiers ris, protégea leur faiblesse :
Souvent même berceau les recueillit tous deux.
Et plus tard on les vit, courant aux mêmes jeux,
Se rendre le doux nom et de sœur et de frère.
Le sort qui les unit sembla dès lors se plaire
A former dans leurs cœurs ce tendre sentiment
Qui, d'amitié d'enfance et de naïf penchant,
Se change à l'âge mûr en lien plus durable.

Mais à leur union, barrière insurmontable,
Le préjugé du sang opposa ses rigueurs.
Fallais fut inflexible, et prières ni pleurs
Ne purent de l'arrêt conjurer l'injustice.

Cédant à son malheur, la vertueuse Alice
Sous l'habit du guerrier fuit pour jamais ces lieux
Témoins de son amour et de ses chastes vœux.
En elle toute ardeur cède à l'ardeur divine
Qui la porte à courir aux champs de Palestine.
Quatre ans sont écoulés : son sort est incertain.
Sans doute elle a péri sous le fer Sarrasin
Et conquis par son sang des lettres de noblesse.

Depuis ce temps Rigald d'une sombre tristesse
Traîne partout le poids, et le calme des nuits
N'émousse point le trait de ses mortels ennuis.

Nous voici, cher lecteur, dans la tente de Gosne.
Vois ce guerrier fougueux qu'une audace félonne
Fit mentir au devoir et forfaire à l'honneur.
Ses yeux demi-fermés expriment la fureur.
Il rêve de combats, de complots, de vengeance.
Sa main à chaque instant semble brandir la lance :
Il croit voir son rival, presse son destrier;
Il fond sur lui, l'abat, et son fer meurtrier
Cherche sous le haubert le cœur de sa victime.
Puis, il tombe épuisé par la fièvre du crime.

Insensé! le bonheur te sourit donc en vain!
A peine de retour du pays Syrien,
Où, pour couvrir les torts d'une ardente jeunesse,
Tu courus emporté d'une pieuse ivresse,
Quand le ciel te bénit, quand Dieu t'a pardonné,
A de nouveaux excès je te vois entraîné.

Ici près est Spontin : fuyons loin de sa tente.
C'est un maudit : son nom inspire l'épouvante,

D'une mère africaine, aux bords de l'Hellespont
Il naquit, et se dit du sang de Rodomont.
Aussi, fier comme lui d'une énorme stature,
Il a voué sa bouche au blasphème, à l'injure.
Chrétien, mais ennemi des hommes et de Dieu,
Se plaisant à semer la terreur en tout lieu,
Bâtard d'une Osmanlise, il méconnaît son père :
Et dans le fond du cœur arabe sanguinaire,
Il s'appelle Beaufort, et dédaigne ce nom :
Même on dit qu'il a fait pacte avec le démon.

　　Mais, qu'aperçois-je, ami, déjà l'ombre incertaine
A grands pas fuit le jour qui descend dans la plaine.
Retirons-nous, partons : bientôt tu connaîtras
Tous ces preux chevaliers que la soif des combats
Amena dans ces lieux à leur dam ou leur gloire.
Reprenons, il le faut, le fil de notre histoire :
Car Vitecourt s'éveille et se frotte les yeux
Tout surpris de se voir bien éloigné des lieux
Où, s'endormant hier dans les bras de l'ivresse
Il remit son destin aux soins de son hôtesse.

FIN DU CHANT CINQUIÈME.

CHANT SIXIÈME.

ARGUMENT. L'écuyer Vitecourt à Liége. — La Discorde y excite une émeute populaire. — Les Huitois auprès du prince Jean d'Enghien. — Le prince cède. — Burchard de Hainaut est nommé dictateur. — Les secours de Dinant arrivent à Ciney. — Les Beauforts tentent un coup de main.

Vitecourt se trouva, sans trop savoir comment,
Sur ce mont renommé, dans ce célèbre champ
Où de nos bons aïeux la justice sévère
Élevait dans le ciel pour en purger la terre
Quiconque était dûment atteint et convaincu
D'avoir par des larcins forfait à la vertu,
A saint Gilles, enfin, au pied de la potence.

Or, le vent matinal qui frappait en cadence
Les os d'un malheureux balançant au grappin,
Fut de notre écuyer l'affreux réveil—matin.

D'abord, ouvrant les yeux comme sortant d'un rêve,
Cet aspect l'étourdit. Il bondit, il se lève,
Et fait tout effaré deux grands signes de croix.
(Il n'en fesait pas tant tous les matins, je crois).

Il porte aux alentours un œil de méfiance :
Son coursier paît tranquille, et le plus grand silence
Règne au loin dans ces lieux. A ses pieds est Sclessin :
Il reconnaît Tilleur, et Jemeppe, et Seraing,

3*

Puis Flemalle , et Choquier sur sa roche escarpée.
Sa confiante foi n'a pas été trompée :
Il est auprès de Liége , et déjà le vallon
Répète le bruit sourd du matinal bourdon.

Il saute en selle , avance ; et bientôt à sa vue
Apparaît la cité sur la Meuse épandue.
Du métal argentin les mille sons divers
Élancés des clochers se croisent dans les airs.
Les coqs mêlent les cris de leur voix enrhumée
Aux coups retentissants de l'enclume enflammée.
C'est l'heure du réveil. Vers la porte d'Avroy
Vitecourt lentement mène son palefroi.

De Satan cependant la noire messagère
Précédait l'écuyer et déjà de la guerre ,
Dès le soir , la Discorde avait soufflé les feux.

Comme leurs descendants , les Liégeois nos aïeux
Avaient l'instinct très-vif (soit dit sans médisance)
De tout ce qui nourrit l'esprit de turbulence.
Aussi , quand Vitecourt entra dans la Cité ,
Par de nombreux bourgeois il se vit arrêté.
En vain de s'expliquer il voulut se défendre :
C'est à qui veut savoir , c'est à qui veut entendre.
Le flot qui le retient grossit de plus en plus.
Pour couper court enfin aux discours superflus ,
Il réclame d'Enghien , vers lui veut qu'on le guide.

Il gagnait le palais , quand d'un pas plus rapide
La Discorde s'en va chez Burchard de Hainaut ,
Lors Mambour de la ville et souverain Prévôt.
De Beaudoin le tribun elle prend la figure
Et semant sur ses pas l'alarme et l'imposture ,

Elle arrive, entraînant un gros de factieux.

Burchard s'éveille aux cris de mille furieux.
Il se lève, il s'enquiert des causes du tapage.
Mais, pendant qu'avec eux en débats il s'engage,
Le faux Beaudoin s'échappe, et va pour ses desseins
Enrôler Outre-Meuse un renfort de mutins.

La gent séditieuse, à sa voix, sort, foisonne,
Comme on voit du terrier que la flamme environne
Sauter lapins, renards, père et mère et petits ;
Ou comme aussi l'on voit d'innombrables souris
Pour dévorer les champs percer partout la terre.
Tanneurs, pêcheurs, bouchers ! à cris de mort ! et
[guerre !
Traversent le grand pont, volent vers saint Lambert.
Ils en forcent la tour, se pendent de concert
A la cloche du ban. Les bourgeois en alarmes
Regagnent leur demeure, ou sortent sous les armes.

Cependant Vitecourt admis dans le palais
Exposait son message, en pressait le succès.
A ses bouillants motifs le prince pacifique
Opposait les périls de la chose publique.
Il plaidait pour la paix, voulait par la douceur
Ramener les Beauforts aux devoirs de l'honneur.

L'écuyer eût vaincu cent rois en l'art de boire,
Mais il n'était qu'élève en science oratoire.
Son cœur guidait sa bouche ; et l'art des Cicérons
Ne consistait pour lui qu'en d'énormes jurons.
Il était donc à bout ; et son insuffisance
Allait des B, des F hasarder l'éloquence.
Quand le grand Majordome annonça les Huitois.

« Les Huitois ! dit d'Enghien : pour la centième fois
» Viennent-ils réclamer cette suprématie
» Que veut sur le Condroz leur sotte jalousie ?
» C'est bien l'heure ! Qu'on ouvre. » Aussitôt, à genoux
Les Huitois, en entrant, tombent. Mais entre nous
Huitois de ce temps-là, comme encore du nôtre
Pas trop dévôts n'étaient. Mieux que leur patenôtre,
Ils disaient mots grivois, et médisants lardons.
Fort bons Liégeois, du reste, et non des plus poltrons.

Aussitôt que bénis, ils se lèvent. Laminne
Seigneur d'Ampsin et chef de la gent turlupine :
« Que votre aspect, Seigneur, ne vous veuille alarmer :
» Nous ne venons, dit-il, en ce jour réclamer
» Ni droit de primauté, ni semblable chimère :
» Trôner sur des débris serait peu notre affaire ;
» Car sur tout le Condroz l'enfer est déchaîné.
» Le met à sang et feu, le change en raisiné.
» Venez donc à notre aide, ou bien comptez sur table
» Que Pontia, Bassinia, Rondia, tout est au diable... »

Il allait sur ce ton continuer son plaid.
Mais le prince bénin dont le désir était
De tout pacifier sans en venir aux armes,
L'interrompit tout court. Lors, la cloche d'alarmes
Parvint à son ouïe avec les cris perçants
Des bourgeois mutinés au palais s'avançants.
« Guerre ! s'écriaient-ils, mort aux lâches, aux traîtres !
» On nous vend : pressons-nous, ou les Beauforts sont
                                              [maîtres.
» A la Meuse ! au gibet ! » Tous ces cris d'enragés,
Confits en interjects, ornements obligés
De la langue liégeoise en tel cas un peu grecque,
Chatouillaient rudement l'oreille de l'évêque.

Entraîné par le peuple , et devant malgré lui
Servir aux émeutiers et d'organe et d'appui ,
Burchard entre au palais. En deux mots il expose
Comment le peuple ému sans apparente cause ,
Ne respire que haine et vengeance et combats.
Il conjure d'Enghien de s'offrir de ce pas
Aux yeux des factieux pour calmer leur furie.

Le bon prince paraît. Sa présence chérie
Commande le silence à ce peuple égaré.

« Des Liégeois, leur dit—il , le vouloir m'est sacré.
» Mais , ô peuple! songez aux tristes avantages
» Dont la guerre toujours a payé vos courages.
» Rappelez-vous combien Moha nous a coûté :
» Et, sans en dire plus , notre belle cité
» A peine se relève , échappe à sa ruine ,
» Que vous allez au gré d'une humeur libertine,
» Ennemi de vous-même , ennemi du repos ,
» Vous replonger encor dans un gouffre de maux.
» O Liégeois écoutez.... » Mais ici la Discorde,
Voyant que les bourgeois , ébranlés dès l'exorde,
Vont , à la voix du prince , incliner pour la paix ,
Et dans un seul moment renverser ses projets ,
La Discorde aussitôt se change en harengère ,
Et d'une rauque voix vocifère la guerre.

Le vulgaire changeant méconnaît son seigneur,
Et crie à mort ! à guerre ! avec plus de fureur.
Ainsi , rompant la digue obstacle à son passage
Le torrent plus fougueux s'élance plein de rage.

Lors , d'Enghien ordonna que la cloche du ban
Sonnât l'appel de guerre; et Burchard sur-le-champ

Fut requis de veiller à la Chose publique,
Les Seigneurs Échevins, selon l'usage antique,
Déclarèrent la guerre auprès du grand perron :
Commandant aux bourgeois qu'au signal du bourdon
Ils vinssent tout armés au marché de la ville.

Vanter nos vieux Liégeois semble chose inutile :
Ils étaient valeureux. Mais de là qu'arguer ?...
Tous ne trouvaient pas goût à se faire tuer.

Ainsi le Chroniqueur qui fait un vif reproche
A maints de nos aïeux d'avoir au coup de cloche
Éprouvé le malaise auquel céda Sans–Peur,
Commet une injustice. A moins l'on a du cœur.
De modernes guerriers sont tout odeur de rose :
Mais qui sait là dessous s'il n'est point autre chose.

Au reste, importe peu. Laissons–les s'assembler :
Il me tarde de voir vers Ciney défiler
La troupe des Copers qui va toucher aux portes.

———

Le premier escadron de ces braves cohortes
Est celui des Desprez. Fiers comtes de Paris,
Bannis par Charlemagne et par Liége accueillis,
Ses aïeux sont auteurs de cette illustre race
A qui Notger joua ce tour de passe-passe
Qui fit entre ses mains glisser leur beau castel.
Desprez mène aux hasards un noble carrousel
De damoiseaux Liégeois dont l'armure brillante
Semble, aux feux du soleil, la foudre étincellante.

Le second obéit aux lois de Dammartin.
C'est Raes le petit-fils de l'heureux châtelain
Qui fut l'époux d'Alix et souche d'un lignage
Où bravoure et vertu passent en héritage.

Un corps de Hesbignons, jeune essaim de héros,
Marche à sa voix. Rompus aux glorieux travaux,
Ces preux, pleins de mépris pour la vaine parure,
Sont courbés sous l'acier d'une pesante armure.

La troisième cohorte a pour chef Paul Viron :
Il commande, à ses frais, un pompeux escadron
De rudes sabotiers des rives de la Lesse.
Telle fut de ses gens l'ardeur et la prestesse,
Qu'ayant, à son appel, femmes, sabots quitté
Ils vinrent cuir au ventre et hachoir au côté.

Englebert de Bertrix conduit la quatrième.
Bertrix, terre stérile où naquit le carême,
Ne payant les sueurs qu'en bruyère, en genêts,
A défaut d'autres blés est fertile en baudets.
Ces nobles destriers guidés par les oreilles,
Bondissent à l'envi, se cabrent, font merveilles.

Aux ordres de Jehan sire de Valbastiers
Les manants de Vausor, gentilshommes verriers,
Armés d'une flamberge et la face bouffie
Suivent tout hors d'haleine. A leur âme ravie
S'offre l'espoir riant de bientôt s'attabler
Et de vider le verre au lieu de le souffler.

Puis, marchent les enfants du vallon de Custine,
Les meilleurs des chrétiens, si l'on juge à la mine,
Mais gens accoutumés, disent les vieux écrits,
D'être depuis longtemps pendus de père en fils.
Liedekerke est le chef de toute la vallée :
Chèvetogne, Custine et Montgaultier d'emblée
L'ont choisi pour leur chef. Mais son air ne dit pas
S'il craint plus l'ennemi que ses propres soldats.

Vient enfin des Copers la brillante jeunesse.
Rochefort est absent. Durand de Porcheresse
Guide et presse leurs pas. Fière de se montrer,
D'attirer les regards, de se faire admirer,
La troupe dinantaise en pompeuse parure
Fait faire à ses criquets des sauts outre mesure.
A ses riches atours, devises et rubans
On croit voir un renfort de chevaliers errants.

Après eux lourdement roulent les chars de guerre
Qui portent des combats l'attirail sanguinaire :
Catapultes, béliers, balistes, mangonneaux
Et tout ce qu'inventa pour augmenter nos maux
De l'homme et du démon la malice infernale.

Suit, plus funeste encor, la troupe doctorale
Des barbiers patentés pour purger et panser.
Ils vont, la mort en croupe, et semblent menacer
Tout ce qu'épargnera la lance meurtrière.

Pour fermer dignement cette marche guerrière,
S'avance en fin finale un convoi plus riant,
Plus chéri des guerriers et non moins important,
Les vivres, en un mot. Les jambons de l'Ardenne,
Les couques de Dinant, les cougnoux de Famenne,
Tonneaux de porc salé, grand'cages à poulets
Chargent les reins ployés de cent rétifs mulets.

De tout cet appareil, immense corollaire,
Traîné par vingt chevaux, suit un chariot de bière.
Cent tonneaux entassés sont un royal présent
Des illustres Seigneurs Chanoines de Dinant.
Maître Pierre Enguerrand, cellérier du Chapitre
Préside à ce convoi. L'on dit qu'à plus d'un titre,

(A part l'humilité qui distingue toujours
Un chanoine), Enguerrand, sans brigue ni détours,
Mérita cet honneur. D'abord, en homme sage
Du vin trempé jamais il ne connut l'usage :
Pour ses confrères seuls par prudente amitié,
Il savait, disait-on, le couper de moitié.
Aussi fut-il choisi d'une voix unanime :
Et, pour mieux l'engager par des preuves d'estime,
Au sublime souci du ventre et des gosiers,
On adjoignit le soin de l'âme des guerriers.

Le pont levis s'abaisse et la herse est levée.
La porte de Dinant s'ouvre, et leur arrivée
S'annonce à son de trompe, à fracas de clairon.
Les cloches s'en font fête à triple carillon.

L'armée auxiliaire entre, musique en tête :
La cymbale, le cor, le cornet, la trompette,
La flûte, le hautbois, tambour et tambourin
Font de nom et d'effet un concert sarrasin.
Les acclamations s'élèvent jusqu'aux nues.
Les corbeaux du clocher, en troupes éperdues,
Partent en croassant, et vont porter l'effroi
Dans le camp des Beauforts déjà mis en émoi.

De fait, ces noirs oiseaux étaient de triste augure.
Ciney pour résister n'était pas en mesure :
Les Beauforts espéraient en faire un coup de main.
Cois, comme le matou qui guette le serin,
Ils avaient sourdement préparé leurs machines
Pour surprendre la ville et la battre en ruines.

Quand un maître gourmand couve de ses deux yeux
Un plat qui s'évapore en parfums onctueux,

Il s'arrête, il aspire à ce mets délectable :
Mais s'il le voit soudain enlever de la table,
Il allonge la mine avec un pied de nez.
De même, en entendant ces cris désordonnés,
L'assiégeant regretta d'avoir fait pour mieux faire
Un compte sans son hôte et gâté son affaire.

Mais il était trop tard. Désespoir ni chagrin
N'eussent point avancé d'un pouce de terrain :
Et l'honneur était là, l'honneur qui divinise
Qui ne cède point, même au prix d'une sottise.

Rassemblés sur le champ, tous les chefs sont d'avis
Que l'assaut médité se donne sans sursis :
Qu'il faut saisir l'instant où le peuple en liesse
Fête ses alliés, s'abandonne à l'ivresse ;
Et que ceux-ci recrus, harassés du chemin
Songent moins aux combats qu'aux douceurs du coussin.

Les troupes sans retard par leurs chefs averties
Quittent le camp sans bruit avec leurs batteries,
Et par un long détour descendent le côteau :
Puis, par un chemin creux gagnant l'Eau-à-la-Vau,
A la porte de Huy arrivent sans encombre.

Tout les favorisait. Satan d'un brouillard sombre
Jusque-là les couvrit. Mais un néfaste chien,
Envoyé de Poilvache, un chien magicien,
Posté là pour singer l'oiseau du Capitole,
Perça d'un œil sorcier cette ombre bénévole,
Fit son métier de chien, aboya, se lança,
Fit accourir la garde éparse çà et là.

Mais avant qu'elle pût voir l'ombre disparaître,
On embrocha le chien et d'un fier coup de maître

Une énorme baliste à deux cents pieds de haut
Le porta dans les airs, d'où par un soubresaut
Tournoyant , et glissant comme étoile qui file ,
Il tomba dans la foule au milieu de la ville.
Bourgeois, guerriers voyant un chien tomber du ciel ,
Crurent que c'était fait de ce globe mortel.

Cependant force fut de courir aux murailles ,
Car le cruel Moloch , noir démon des batailles,
Aidait les assaillants , transportait sur son dos
Balistes et béliers , machines et chariots :
Un tas de diabloteaux creusaient déjà les mines ,
Et comblaient les fossés de terre et de fascines.
Gosne s'applaudissait : car ne les voyant pas ,
Il croyait ces travaux l'œuvre de ses soldats.

L'espoir d'un prompt succès enflamme son armée.

O Muse ! qui toujours fus de la Renommée
L'authentique archiviste , adviens à mon secours :
Redis-nous les exploits de ces illustres jours :
Nomme-nous ces héros. fils de notre patrie ,
Et force notre siècle à leur porter envie.

FIN DU CHANT SIXIÈME.

CHANT SEPTIÈME.

ARGUMENT. Assaut donné à la porte de Huy. — Mort du jeune
   Lymont. — Attaque de la porte de Dinant et de la Cour-Monseur.
   — Jacqueline, François Sans-Peur, Enguerrand. — Beaufort
   blessé. — Ses soldats fuient.

Desprez et Dammartin suivis de leurs guerriers
Sur les murs assaillis se dressent les premiers.
Une foule de preux d'une ardeur sans égale
S'élancent sur leurs pas. C'est Surlet, c'est Hamale,
Argenteau, Berlaymont, Hornes, Lamark, Baré,
Coswarem, Oultremont, Looz, Mérode, Fastré,
Et cent jeunes héros que la Fortune appelle
Aux dangers où s'achète une gloire immortelle.

A peine ils ont paru, qu'une grêle de traits
Vole et tombe sur eux; comme on voit des forêts
Les feuilles s'échapper en un épais nuage,
Quand le noir tourbillon, sifflant dans le feuillage,
Ploie et tord à son gré le frêne et les bouleaux.

De l'assaut protégeant les rapides travaux
Les archers de Rigald d'une ardeur incessante
Tâchent de repousser la troupe menaçante
Qui s'accroît sur les murs et va les disputer.
Plus d'un guerrier alors s'en vit précipiter :
Plusieurs furent frappés sans pouvoir se défendre.

Adulphe de Lymont, encor dans l'âge tendre
Où d'un premier duvet s'ombrage le menton,
Avait suivi Desprez. Avide de renom,
Il partit insensible aux larmes d'une mère.

Arrivant aux créneaux, il détache une pierre
Et d'un bras assuré la lance à Luxembourg
Qui s'était avancé jusqu'au pied de la tour.
La pierre atteint le Duc, le frappe à la poitrine.
Il chancelle, et roulant sur la molle fascine
Il va tomber mourant aux pieds de ses soldats.
On l'emporte couvert des ombres du trépas.

Lymont se glorifie, et sa bouche insensée
Insulte aux ennemis. De sa joie offensée
La troupe de Rigald tourne vers lui ses coups.
On le presse de fuir, d'éviter son courroux.
Le jeune homme exalté se croit invulnérable.
Il élève, bravant l'orage qui l'accable,
Une seconde pierre ; est près de la lancer,
Quand un trait que suit l'œil, part et vient le percer
Au-dessous de l'aisselle, où finit la cuirasse.
Il tombe, et le trépas punit sa folle audace.

Que de preux chevaliers meurent auprès de lui !
D'Heur, oncle de Lymont, que sa sœur a choisi
Pour être de son fils le mentor et le guide,
D'Heur accourt le venger. Mais la flèche rapide
Arrête les transports de sa juste douleur,
Et sur le corps d'Adulphe abat son défenseur.

Telle, au retour des bois, la terrible lionne
Arrivant à son fort que la foule environne,

Voyant sur le carreau ses petits palpitants,
D'horreur d'abord frémit ; rugit , grince des dents :
Puis contre les chasseurs se lance avec furie
Quand le plomb meurtrier la renverse sans vie.

Cependant les bourgeois sortant de leur stupeur ,
Aux soins de leur salut font céder la frayeur.
Venant partout en aide à leurs auxiliaires ,
Ils apportent la chaux , l'eau bouillante , les pierres ,
Et la laine qui rend les béliers impuissants.
Tout s'ément, tout travaille, hommes, femmes, enfants.

La dame Cabolet , de famille en famille ,
Court exciter l'ardeur. Jacqueline sa fille ,
Qui joint à deux beaux yeux une mâle vigueur,
Accompagne ses pas , et d'une double ardeur
Répand les feux actifs au sein de la jeunesse.
Ses blonds cheveux noués tombent en double tresse
D'un casque où l'or brillant s'incruste au dur acier.
Nouvelle Bradamante , elle sait manier
Le coursier et le fer. Dans la forêt sauvage
Elle fit des combats le rude apprentissage.

François Sans-Peur la voit. Subitement épris ,
Il prétend à ses yeux s'illustrer à tout prix.
Armé de pied en cap , plein d'amour et d'audace ,
En vaillant paladin il paraît sur la place;
Harangue , excite, enflamme : et maints jeunes bour-
                                        [geois,
Séduits par ses discours , vont aux murs sous ses lois.

Rigald presse l'assaut. Il sait que la·Fortune
Sourit au téméraire et se prend de rancune
Pour qui laisse échapper un précieux moment.
A sa voix , le bélier sur un essieu mouvant

Roule contre les tours , à grands coups bat la porte.
Un toit d'écus serrés protège une cohorte
De robustes soldats qui marchent aux remparts
D'où pleuvent des torrents de pierres et de dards.
Lui-même, dévoré d'une peine cruelle ,
Veut braver le trépas. Il saisit une échelle ,
La plante au pied des murs sous les traits ennemis.
Il s'élance , il veut vaincre , ou finir ses ennuis.

Mais laissons ce héros que chérit la victoire
Escalader les murs pour y chercher la gloire,
D'autres héros , ô Muse! attendent que tes chants
Éternisent leur nom et leurs faits éclatants.

A peine des Copers le pesant attelage
Avait franchi la porte avec son équipage,
Que Beaufort, pour doubler les chances de succès,
Tourna vers cet endroit avec ses lansquenets.

Le désordre et l'effroi signalent sa venue.
Car les chars , les mulets qui remplissaient la rue,
Encombraient le passage, empêchaient les soldats
D'ouïr la voix des chefs et de suivre leurs pas ;
Beaufort au pont levis courant lance baissée,
Animait sa milice à sa suite empressée.
Il touchait à la porte ; un séduisant espoir
Mettait , sans coup férir, la ville en son pouvoir :
Quand le bon Enguerrand qui fait l'arrière-garde ,
Voyant si près de lui cette race pillarde
Par qui ses saints dépôts vont être harponnés ,
D'un bras prompt et puissant leur clôt la porte au nez.

Je vous laisse à penser la mine et la grimace
Que firent ces guerriers, porte fermée en face.

Aux yeux du pèlerin brûlé par le soleil,
Quand parfois apparaît un fruit tendre et vermeil
Qui pend sur le courant d'une onde fraîche et pure ;
Le pèlerin, ravi de sa douce aventure,
Se hâte, saisit l'arbre ; avance, tend la main,
Déjà touche le fruit.... O revers ! si soudain
Ce fruit trop mûr s'échappe et suit le cours de l'onde.

Tel Beaufort fut pantois, ainsi que tout son monde.
Mais, trahi par le sort qui lui portait malheur,
Il fait à mauvais jeu bonne mine et bon cœur,
Et pour s'en revancher va tenter l'escalade.

Devant la Cour-Monseur était une esplanade
Que flanquait un rempart couvert d'arbres épais
Sous lesquels les bourgeois jadis prenaient le frais,
Où se font de nos jours les danses solennelles :
Beaufort fait aussitôt planter là les échelles.

Mais ce nouveau péril met la ville en rumeur.
Jacqueline bientôt accourt avec Sans-Peur,
Qui, les yeux éblouis, la suit comme son ombre.
Puis les preux Dinantais arrivent en grand nombre,
A peine débarqués, mais déjà glorieux
De montrer quel pouvoir ont sur eux de beaux yeux.
Après, suit Enguerrand qu'un instinct salutaire
Fait par tous les Copers regarder comme un père.

Le danger va croissant. Comment, seuls, sans appui,
Défendront-ils les murs, car la porte de Huy,
La première attaquée, a la troupe d'élite ?
Et Dave arrive encore entraînant à sa suite
Un nombreux escadron de chevaliers mosains.
Les Sires du Marteau, de Wœlmont, des Avins,

D'Annevoie et d'Hestoi, de Hamoir et Rivière
Accourent au galop devançant leur bannière.

La baliste se dresse et va lancer ses traits :
Couverts de leurs écus déjà les lansquenets,
Serrés comme un seul homme, avancent aux murailles
Que défend un fossé rembourré de broussailles.

Mais Jacqueline est là. Ce menaçant danger
L'étonne sans l'abattre et la décourager.
L'amour de la patrie et l'exalte et l'enflamme ;
Et, sachant ce que peut l'exemple d'une femme,
Elle monte aux créneaux et prétend à l'honneur
De donner la première un signe de valeur.
Son bras nerveux tend l'arc, elle vise au panache
Qui distingue Beaufort. Le trait qui se détache
Siffle, va droit au but, emporte le cimier,
Fait résonner le casque et cabrer le coursier.
Etourdi de ce coup Beaufort penche en arrière,
Laisse passer le trait qui va frapper la terre.

Jacqueline redouble : elle arme un trait nouveau ;
Fend le casque d'Avias, lui perce le cerveau.
Avins jette un grand cri ! mais son sang et sa vie
S'en vont sans s'informer si sa plainte est finie.

Une troisième flèche abat le jeune Aymon.
Aymon, des chevaliers était le cicéron :
Il lisait couramment, et sa littérature
Allait jusqu'à pouvoir former sa signature.
Mais la barbare Mort qui le vit si savant,
Le crut un digne objet de son cruel tranchant.

Sans-Peur, ravi des coups de la belle donzelle,
Fait ses preuves aussi d'un intrépide zèle.   4

Armé d'une arbalète il éborgne Coppin.
D'un œil fixe observant le héros féminin
Coppin la menaçait d'une flèche mortelle :
Il allait décocher, quand sa vive prunelle
Reçut le trait fatal que dirigea l'Amour.
Las ! il ne fit doux yeux que d'un œil dès ce jour.

Sans-Peur abat Marteau, blesse Profondeville,
Navre des lansquenets et par cent et par mille :
Les yeux d'une héroïne en font presque un héros.

Le bruit de cette attaque enfin a des échos :
Tout s'exalte à l'effroi d'une chute prochaine.
Dinon des crenquiniers le vaillant capitaine
Se hâte vers les murs. Choquier le lignager
Amène sa milice, et court où le danger
Semble imminent. Dinon engage Jacqueline
A lui céder le poste ; au long de la courtine,
A l'abri des créneaux range ses Crenquiniers :
Et pendant qu'Enguerrand dresse engins et pierriers,
Il fait sur l'ennemi décharge sur décharge.

Beaufort qui vers ces lieux avait sonné la charge,
Des malices du sort s'était peu défié.
Le rempart était bas, faible et mal appuyé :
Mais le fossé pailleux qu'il croyait terre ferme,
Recélait les égouts d'une voisine ferme ;
Si bien, que ses guerriers vers les murs s'élançant,
Se trouvèrent perdus dans un bourbeux étang.
Là, comme des canards barbottant pêle-mêle,
Se levant, retombant, comme oiseaux pris de l'aile,
Ils restèrent en butte aux traits des assaillis.

Pendant qu'ils se tiraient de ce noir margouillis,

Le chanoine eut le temps d'élever les machines
Et d'armer le mangan qui fit rage et ruines.
Mais Beaufort commandait et n'était pas d'humeur
A se tirer du jeu sans en avoir l'honneur.
On comble le fossé, l'on redresse l'échelle.
Ses guerriers ralliés, pleins d'une ardeur nouvelle,
Se forment en tortue. O sublime Enguerrand !
En un si grand péril que tu te montres grand !

Les pierres, en effet, et les gros projectiles
Allaient faire défaut et rendre difficiles
Les moyens de défense à des gens désarmés.
Aux ordres d'Enguerrand, ses tonneaux bien-aimés
Sont roulés aux remparts. Lors, à la mode antique,
Il fait, les yeux au ciel, en style académique,
Une canoniale et très-courte oraison.

Un énorme tonneau de bière de Saison
Fait gémir les ressorts du mangan formidable :
Le câble se détend, et l'engin redoutable
Lance la lourde charge aux boucliers serrés.
Le toit fléchit, s'entrouvre et les soldats navrés
Mêlent des flots de sang à des torrents de bière.

Enguerrand ne fault point en si belle carrière :
Il arme un second coup, lance un autre tonneau
Qui, roulant, bondissant, balayant le carreau,
Renverse hommes, coursiers ; et, redoublant de force,
Abat sire Beaufort et lui laisse une entorse.
Un troisième le suit, saccade sur Moha
Et non loin du genou lui rompt le tibia :
Un cinquième tonneau, un septième, un dixième,
Mettent les assiégeants dans un désordre extrême.

L'effroi les prend : la fuite est leur port de salut.

Alors, plusieurs d'entre eux crurent voir Belzebuth
Brandir, lancer des traits de flammes infernales,
Et présider lui-même aux décharges fatales.
L'on vit aussi, dit-on, au terrible mangan
Vorx, reine des sorciers, tourner le cabestan,
Viser à coups certains où la troupe serrée
Tombait comme le grain sous la grêle acérée.

On emporte Beaufort. Tout se débande et fuit.
Dinon et Jacqueline et leur troupe à grand bruit
Se font ouvrir la porte et vont à leur poursuite.

Que de guerriers meurtris, occis dans cette fuite!
Vous y pérites, Celle, allié de Beaufort ;
Et c'est bien peu pour vous que la brutale Mort
Ait fait d'un mausolée orner un sanctuaire !
Et vous, qui, dominé d'une ardeur téméraire,
Devanciez les vainqueurs, magnanime Gendron,
Vous, dont Huy dans ses murs voit revivre le nom,
La flèche d'un fuyard vous fit mordre la poudre.

Jacqueline et Dinon, semblables à la foudre,
Pressent, frappent, partout l'ennemi dispersé.
Maillefer par Dinon atteint et renversé,
Lui demande merci, lui livre son épée.
Jacqueline terrasse Hildebrand de l'Espée.
Ce chevalier français parcourait l'univers,
Et pour se signaler avait bravé les mers :
La Perse et le Cathai conservaient sa mémoire :
Sous le bras d'une femme il succombe sans gloire.

Sans-Peur fidèle au vœu qu'Amour mit dans son cœur,
Court léger comme un cerf. Sa belliqueuse ardeur

S'exerce sans répit sur le guerrier vulgaire.
Il frappe à droite, à gauche, et sous ses coups la terre
S'ensemence de doigts, d'oreilles et de nez.
O combien de manants par sa dague écornés,
Firent suite à Malchus, perdirent leurs manchettes!
Combien, faute de nez, firent foin des lunettes!

FIN DU SEPTIÈME CHANT.

CHANT HUITIÈME.

ARGUMENT. Attaque de la porte de Huy : suite. Combat singulier sur les murs. — Incendie des fascines. — Spontin dans la place. — Attaque de la porte de Liége : Gosne et d'Halloy. — Spontin sur l'hippodémon. — Les Dinantais font une sortie.

Mais revoyons les murs où Rigald nous attend.

Sous un solide écu d'une main s'abritant,
A l'échelle, en montant, de l'autre il se cramponne.
Les traits pleuvent sur lui : la pierre qui résonne
Frappe son casque en vain, courbe son bouclier :
Il arrive aux créneaux, saute aux murs. Son cimier
Qui sert aux chevaliers de signe et de bannière,
Les invite à le suivre. Ils se pressent derrière,
Comme l'onde grondeuse inondant un vallon
Se déploie en replis que pousse l'aquilon.

Spontin est avec lui : mais l'aveugle fortune
N'a point pour les guerriers une faveur commune.

Alors qu'ils montent tous d'autres guerriers suivis,
Un énorme moëllon part des mâchecoulis.
L'échelle sous ce coup et ploie et se fracasse ;
Et laissant seuls Rigald et Spontin dans la place,
Couvre de ses débris cent preux morts ou blessés.
Le sang coule à grands flots, rougit murs et fossés.

Rigald ne perd point cœur. En butte à mille lances,
Il excite Spontin, fondant ses espérances
Sur le beau désespoir de leurs coups réunis.

L'horreur de leur danger excite de grands cris.
L'armée à leur secours s'élance tout entière.
Rigald alors s'enflamme, et d'une voix altière :
» Nobles guerriers, dit-il, montrez votre courroux ;
» Mais que l'honneur, du moins, accompagne vos coups.
» Contre deux chevaliers trahis par leur courage,
» Vous faut-il de cent bras assurer l'avantage ?
» Ne rougiriez-vous point, si parmi tant de preux,
» Deux guerriers refusaient de lutter contre deux ? »

Desprez et Dammartin que le hasard rassemble,
Acceptent le cartel et s'avancent ensemble.
La foule à cette vue et s'éloigne et se tait.
Heureux ce temps antique où l'honneur arrêtait,
Pour jouir d'un haut fait, la fureur d'une armée !

Ces quatre champions de valeur consommée
S'attaquent, font briller leur glaive en mille éclairs.
Au pied des murs, les yeux suspendus à leurs fers,
Les soldats de Rigald attendent, font silence.
Ces héros que la gloire excite à la vaillance,
Portent, parent les coups ; lèvent, baissent, l'écu :
Le fer croise le fer ; le glaive inattendu
Retentit sur l'airain, brille, éclate, étincelle :
On se presse, on s'évite ; on pousse, on se harcelle :
Ardeur, force, souplesse, art, surprise, tout duit.
L'honneur enflamme, exalte, et la Gloire sourit.

Le double camp muet, en cette lutte égale
Flotte entre la valeur et la valeur rivale.

Chacun pour ses héros craint, espère, frémit :
Chacun combat en eux, de leurs coups s'applaudit,
Et d'un œil dévorant les suit, respire à peine.

Tenant entre ses mains la balance incertaine,
Le Sort semblait se plaire à ce brillant débat ;
Et rien ne présageait le succès du combat,
Quand Dammartin glissant sur la terre trempée
Perdit pied, chancela, rabattit son épée.
Rigald au même instant, le voyant découvert,
Lui porte un coup de pointe au défaut de haubert
Où la hanche est prochaine à la dernière côte.
Dammartin se redresse, et d'un trait de main haute
Atteint Rigald au chef, tranche son hausse-col.
Le sang des deux guerriers coule et rougit le sol.

A l'aspect de ce sang, la prudence et l'adresse
Font place à la fureur. A Desprez qui le presse
Spontin brise le casque en un coup de revers
Et fait voler au loin l'aigrette dans les airs.
Desprez reste étourdi. C'en est fait de sa vie :
Spontin va le percer ; quand un vaste incendie
Se déclare soudain, et du pied des remparts
S'élève en flamme immense, et dérobe aux regards
Les quatre chevaliers dont le casque seul brille
Au sein du tourbillon qui tournoie et pétille.

A ce spectacle affreux, l'assiégé, l'assiégeant
Tressaillent de terreur : l'effroi glace leur sang.

Mais bientôt la stupeur fait place à la furie.
L'assiégeant à grand bruit crie à la foi trahie :
« Guerre ! mort aux félons, aux parjures sans cœur,
» Qui donnent leur parole et mentent à l'honneur. »

Des murs alors Spontin se jette dans la place.
Rigald prenant conseil d'une intrépide audace,
Plutôt que de tomber aux mains des ennemis,
S'élance dans les feux. Qu'importe à ses ennuis,
Quand son cœur est en proie à de tristes alarmes,
Qu'il périsse plutôt que de rendre les armes?

Mais on veillait sur lui dans cet instant fatal.
Car, si de leur côté les noirs esprits du mal,
Pour frayer les abords, aider à l'escalade,
Avaient fait des fossés une large esplanade,
En les comblant de bois, de terre, de fagots;
Les sorcières aussi, gardiennes du Condroz,
Avaient sous les remparts creusé la contremine,
Et dès le premier choc allumé la fascine.
Moloch s'en aperçut, et quand Rigald sauta,
L'échine du démon le reçut, le porta
Jusqu'aux siens, sain et sauf, moins un goût de fumée.

Cependant les clameurs redoublaient, et l'armée
Qui craignait pour Spontin, redemandait ce chef.
Mais au milieu des feux assaillir derechef,
Etait chose impossible. — A la porte de Liége
Avec une âpre ardeur Gosne poussait le siége.

D'Halloy le défendait. Ces deux fiers ennemis,
Implacables rivaux par le sort réunis,
Brûlaient de signaler leur valeur, leur vengeance.
Gosne était plein d'espoir. Ciney pour sa défense
Courait plus d'un hasard. Le faîte d'un côteau
Ici, le dominant en forme de réseau,
Facilitait le jeu des machines de guerre;
Rigald vers cet endroit vole en auxiliaire

4*

Et laisse aux feux actifs de ces remparts brûlants
Le soin de contenir l'ennemi sur ses flancs.

Pour Spontin ; il était à peine dans la place,
Qu'il vit fondre sur lui la vile populace.
Les manants, les vilains de toutes les couleurs,
A l'aspect de l'argent, aux attraits séducteurs
De l'or qui reluisait sur sa brillante armure ,
Se disputent déjà cette riche capture.

« Beaux sires, dit Spontin, qui lit dans leur regard
» Leur bienveillant accueil et leur instinct pillard ;
» On vend la peau du loup quand on l'a mis par terre.
» Je suis votre captif, c'est le droit de la guerre :
» Mais vous ne voulez point d'un gain fait sans efforts :
» C'est après le combat qu'on dépouille les morts.
» Essayons donc. » Il dit : il s'élance, il culbute
Tous ceux du premier rang. Profitant de leur chute,
Il saisit un barreau qu'il arrache à l'un d'eux,
L'agite, le brandit, et d'un bras vigoureux
Fesant le moulinet, fracasse bras et têtes.

Ainsi le sanglier, chassé de ses retraites,
S'il voit les chiens ardents unis pour l'assaillir,
Il s'accule, il grommelle, il semble réfléchir ;
Puis soudain il se rue, éventre, abat, renverse,
Les chasse devant lui, les poursuit, les disperse.

Mais ainsi, qu'aussitôt, remise de l'effroi,
La meute se rallie et reprend son aboi :
Ainsi ce vil ramas que Spontin met en fuite,
N'osant plus l'affronter , se met à sa poursuite,
Et sur lui pierres, dards volent de tous côtés.

Mais lui, fier Rodomont, marchant à pas comptés.

Se fie au bon aloi de sa puissante armure.
Cependant (et besoin n'est pas que je le jure)
Malgré cet air altier d'assurance et d'orgueil,
Il lorgnait, je le sais, d'un petit coin de l'œil
Aux grilles de son heaume, et cherchait ouverture
Pour pousser à bon port sa chanceuse aventure ;
Quand à ses yeux soudain se présente un coursier
Qui paraît délaissé par quelque chevalier.
A son caparaçon noir, et semé de flammes,
Il semble un palefroi des purgatives âmes.

Mais Spontin, mis au point où le besoin fait loi,
Ne va pas s'enquérir du qu'est-ce et du pourquoi.
Il saute en selle, pique, et va de telle sorte,
Qu'on dirait (et c'est vrai) que le diable l'emporte.

Les manants ébaubis le regardent sauter,
Caracoler, bondir, sans pouvoir l'arrêter.
Ils le suivent pourtant ; car c'est peine stérile
De vouloir, pensent-ils, s'échapper de la ville,
Tout passage étant clos. Mais un tel destrier
Ne prend pas leur avis pour se congédier.
Quelle mine ils font donc, quand le sombre Pégase
S'arrête en hennissant, et puis s'élance et rase
La Cour-Monseur d'un bond, et de là d'un plein vol
S'élève dans les airs.... Où va-t-il ? au Mogol ?...
La rime le dit bien : mais je crois, à tout prendre,
Qu'ayant besogne ailleurs, c'est là qu'il va se rendre.

———

Pendant ce temps Rigald, suivi de ses soldats,
Arrivait, prenait part à de nouveaux combats.

A la porte de Liége , il trouva réun'es
Les troupes de Beaufort qui , longtemps poursuivies,
S'y mettaient à couvert et servaient de renfort.
Tout meurtri qu'il était , le comte de Beaufort
Appuyé sur Fallais y vint rejoindre Gosne.
Il pensa que blessé , payant de sa personne ,
Il rendrait à ses gens l'assurance et l'ardeur ;
Qu'accablée en un point , pressée avec vigueur ,
La ville ne ferait que faible résistance.

Mais D'Halloy s'y trouvait , D'Halloy dont la vaillance
S'irritait des dangers , et convoitait l'honneur
D'être en prise aux hasards pour en sortir vainqueur.
Fort de son énergie , il s'aperçut sans trouble
Qu'on allait tout de bon jouer à quitte ou double.
De crainte de surprise , il confie à Dinou
La porte de Dinant ; à Jean de Corbion
La Cour-Monseur ; et donne ordre à la bourgeoisie
De veiller aux remparts où parut l'incendie,
Sous les ordres de Thys et d'Arnould Boseret ,
L'un mayeur de Pessoux , l'autre de Miëcret.

Lors , s'en vint à D'Halloy Durand de Porcheresse
Qui , d'un air de mystère et d'un ton de caresse,
Lui fit part d'une idée et d'un plan de son cru.
Avec ses Dinantais il veut à l'imprévu
Prendre en flanc l'ennemi , tomber sur ses derrières.
D'Halloy préoccupé , vexé de ses prières,
Prisant peu le secours des porteurs de clinquant,
Accède à ces désirs. Les enfants de Dinant
Se flattent de briller par des traits de prouesse.

Mais voulant avant tout faire preuve d'adresse,

Ils changent leurs grisons contre ceux de Bertrix.
« L'âne moins apparent, moins bruyant, disaient-ils,
» Pouvant à l'ennemi arriver terre-à-terre,
» En revend au coursier pour les ruses de guerre.
Trois cents Copers juchés sur l'animal savant
Gagnent d'un air discret la porte de Dinant.

» Fesons, Muse, un instant trève à nos chants de guerre.
« Entonne, me dit-on, un chant moins téméraire :
» Redire les combats des guerriers c'est l'emploi. »

Mais tant d'esprits divins furent-ils plus que moi
Intrépides soldats ou généraux d'armée ?
Ainsi que leurs héros, fils de la Renommée,
Virgile, Homère ont-ils porté d'illustres coups ?
L'Arioste, le Tasse affrontant le courroux
Des Zoïles du temps pour chanter la vaillance,
Ont-ils couru les champs en brandissant la lance ?
Non. Pour aimer la gloire et célébrer les preux
Il suffit d'un cœur vif, d'un instinct généreux.

Heureux donc le mortel qui, doué de génie,
S'abreuve à cette source en plaisirs infinie ;
Rappelle des vieux temps l'héroïque détail,
Laissant couler ses vers sans effort, sans travail.
Illustres devanciers, ce fut votre partage :
Vous chantâtes des preux l'invincible courage :
Souvent à vos accents la Patrie en danger
S'éveilla, secoua le joug de l'étranger.

FIN DU CHANT HUITIÈME.

CHANT NEUVIÈME.

ARGUMENT. Suite de l'attaque de la porte de Liége. — Gosne blessé par Jacqueline. — Succès de la sortie des Copers. — Les Ardennais arrivent au secours de Ciney. — Retraite des assiégeants. — Des courriers de Tihange et de Fallais arrivent aux Beauforts. Ils tiennent conseil. Rigald élu chef. — Voyage de Spontin sur l'hippo-démon. Il descend à Fallais.

L'attaque cependant redoublait. Les machines
Vomissaient dans Ciney la mort et les ruines.
L'assaillant aux remparts roulait les mantelets;
Les pierres et les feux pleuvaient des parapets.
Gosne enivré d'espoir s'en donnait à cœur joie,
Et déjà dans ses fers croyait serrer sa proie :
Il allait, il venait, excitait, réprimait;
Louait, réprimandait; en tous lieux se trouvait.

« Le voilà, disait-il, le voilà ce bravache
» Qui chevauche de nuit pour voler une vache,
» Il méprisait alors notre juste courroux :
» Mais un instant encor, soldats, il est à nous. »

D'Halloy qui l'observait, fit signe à Jacqueline,
Et l'appelant du doigt : « Belle et gente héroïne,
» Dont l'œil et dont les traits, dit-il, sont toujours sûrs;
» Vois-tu ce chevalier qui, non loin de ces murs,
» Surpasse les guerriers par la taille et l'audace?
» C'est le plus orgueilleux des hommes de sa race :

» Arrête ses transports , poursuis-le de tes traits :
» Que sa mort , s'il se peut , soit l'un de tes hauts faits. »

   A ce discours flatteur, la guerrière ravie
Tire de son carquois une flèche choisie;
Tend l'arc, vise , décoche , et le trait en sifflant
Vole au heaume de Gosne , et par la grille entrant
Effleure l'œil , la tempe , et lui perce l'oreille.
Le comte jette un cri. — Mais une autre merveille
Soudain attire ailleurs regards , attention.
C'est un aigre concert de hi–hon ! hi–hon ! hon !
Mêlés aux sons plus doux de fanfares lointaines.

   Descendant sur Crahia , remontant vers Ontaines ,
A la droite laissant Fays et Barsenal ,
Nos Copers à Leguon vinrent tant bien que mal.
Tout leur semblait au mieux pour la ruse et l'adresse.
Mais souvent aux Copers la fortune est traîtresse.

   Par un chemin profond ils arrivaient tout doux :
Et leurs maîtres baudets marchaient à pas de loups.
Les Beauforts s'abusaient; c'était chose bien claire :
Les Dinantais allaient les prendre par derrière;
Quand tout à coup voilà que les mulets du train
A leurs demi-parents font fête en leur latin.
Les baudets aussitôt, gent accorte , humble , honnête ,
En leur bruyant jargon répondent à tû–tête.

   Alors l'arrière-garde en hâte d'accourir,
Et Copers de piquer leurs grisons pour s'enfuir.
Mais les grisons trouvant si bonne compagnie,
N'avaient pas de s'enfuir la plus petite envie.
Ainsi leurs cavaliers les pressant, les fouettant,
Les baudets entêtés rebiffaient en ruant ,

Assaisonnant leurs sauts de leur gamme infernale.

O pauvres Dinantais ! en cette heure fatale
Qu'allez-vous devenir ? Ceux-ci sont démontés,
Ceux-là par leur roussin à pile ou croix jetés :
Les uns caracolant roulent dans les ornières,
Grisons dessus-dessous : pris dans leurs étrivières
D'autres font le traîneau derrière leur baudet :
Enfin, c'est un cahos, un désarroi complet.

Mais, le ciel soit loué ! La musique lointaine
Se rapproche, et déjà retentit dans la plaine.
Ciney ! c'est un renfort : il te vient à propos.

Vois d'abord les Marchois qu'on surnomma Côcós :
Bonhomme les conduit ; et c'est bien les conduire,
Car ce sont des moutons : mais gardons-nous d'en rire.
Collard, son écuyer, mi-clerc et mi-guerrier,
Chevauche en récitant patenôtre et psautier.
C'est un soldat parfait qui, parfois en prière
Lance, à défaut de traits, rosaire et bréviaire,
Et dépêche son homme à l'égal d'un avé.

Vois les Saints-Hubertois dont le sens réprouvé
Croit moins au grand patron qui sauve de la rage,
Qu'aux profits assurés du saint pèlerinage.
Jean d'Orjo les commande. Il porte en dépit d'eux,
Sur son casque, en cimier, le cornet merveilleux.

Puis, vois les Bastognards dont grande est la besogne
De vendre des jambons sous le nom de Bastogne.
Leur esprit, ce dit-on, à la ruse formé
A les dehors trompeurs de leur jambon fumé.
D'Anethan est leur chef. Au fort de la déroute,
Guidé par l'odorat, il peut sans aucun doute

Reconnaître de loin et rallier ses gens,
Tant ils ont le fumet de leurs jambons friands !

Puis, les Rochefortois, habitants des carrières,
Bonnes gens, mais têtus et durs comme leurs pierres.
Waba, leur chef, craignant de les voir s'abeurter,
Ne sait presque jamais par quel bout les tâter.
S'il veut les amener à goûter une affaire,
Il manifeste un doute ou parle en sens contraire.

Vois les gens de Bouillon avec leurs miquelets
Sauvage nation incrustée aux forêts.
                                        [Hogne
Puis ceux d'Aye et Waillet, Rendeux, Strinchamp et
Les cadets de Tellin, les fôdeurs de Behogne,
Et les nobles Cheyoux, sarteurs et bûcherons,
Qui vout, dit—on, au sart bottés, en éperons.

Enfin tout ce qu'a pu l'art, l'adresse, le zèle
Des sorcières de Han et du trou de Jumelle,
Réveiller de guerriers chez le peuple ardennais
Se trouvent là, nombreux comme épis aux guérêts.

A l'aspect merveilleux des phalanges pressées
Qui couronnent les monts de lances hérissées,
La ville s'éjouit, bat des mains : les vivats
Font mugir les échos de leur bruyant fracas.
Sans—Peur qui fut toujours le héros d'une fête,
A force de crier se démet la luette ;
Et Dame Cabolet maudissant l'étranger,
Va sans retard mettre ordre à son garde-manger.

L'assiégeant, à ces cris de sauvage harmonie,
Vit fort bien qu'il fallait remettre la partie.
Par les revers des chefs troublé, déconcerté,
Le soldat mollissait. Ciney reconforté

Saluait ses sauveurs, recouvrait l'énergie.
Tel des bords du tombeau revenant à la vie
Le malade enchanté retrouve sa vigueur
Et pense voir les cieux redoubler de splendeur.

Rigald, sans plus tarder, fait sonner la retraite.
Devant un sort douteux savoir courber la tête,
C'est sagesse : jamais on n'applaudit l'orgueil
Dont va la folle audace affronter un écueil.

Pendant que l'ennemi comme un torrent s'écoule,
Les heureux Ciuaciens sortent des murs en foule,
Non pour le harceler et le poursuivre à mort,
(A l'ennemi qui fuit il faut faire un pont d'or),
Mais pour voir les amis dont l'appui les délivre,
Et, nobles citadins, montrer leur savoir-vivre.
C'est un déluge alors de mots flatteurs et doux
Que couronne parfois un « quand donc partez-vous? »
Avec mille propos d'affection profonde
Qui sentent leur terroir d'une lieue à la ronde.

Mais qu'importent les dits, s'ils ne nuisent au fait!
Tant est-il que partout le souper était prêt.
La salade aux cretons, à l'odeur balsamique,
Fit raison de la guerre et de la politique :
La boulette poivrée aiguisa les esprits
La cervoise inspira les bons mots et les ris;
Et de la fraîche nuit l'étoile avant-courrière
Les trouva tous tombant de sommeil et de bière.

Fleuve passé, dit-on, le saint est oublié.
Bien en fut aux fuyards. Plus d'un estropié
Put, grâce à cette ivresse, arriver à sa tente.
Même on sauva les morts, et d'une marche lente

Les chariots emportant machines et blessés
Roulèrent vers le camp jusqu'auprès des fossés.

Dans ses retranchements où le dépit le broie,
L'assiégeant entendait les bruyants cris de joie
De ceux qu'un heureux sort enlevait au trépas.
Il s'en mordait les doigts : mais de nouveaux combats
Lui fesaient espérer une prompte revanche.
Tel pleure vendredi qui peut rire dimanche.

Mais le temps lui manqua. Car au coup de minuit,
A la porte du camp la corne retentit.

On s'éveille en sursaut : on doute, on s'inquiète :
                                        [tête
Qu'est-ce donc ?... une attaque?... un renfort?... Dans la
Se croisent les soupçons. — D'abord, c'est un courrier
Qui de Gosue envoyé vient à franc étrier :
Puis c'en est un second dépêché de Tihange ;
Enfin un de Fallais, qui, tous par cas étrange
Arrivent coup sur coup. Le camp est dans l'émoi.
Au trouble curieux succède un juste effroi.

Pourquoi ces trois courriers, se dit-on, quel message
Viennent-ils apporter ? Notre guide si sage
Maître Hincmar n'en dit mot. Mais j'ai bonne raison
De soupçonner ici quelque tour de démon.
Et pourquoi direz-vous ? — Sachez que les sorcières
Ont un peu mieux que nous le secret des affaires.
Elles veulent, je crois, jeter le trouble au camp,
Chaque courrier, peut-être, est quelque nécromant.

Le grand conseil des chefs s'assemble : on délibère.
Gosue prend la parole « A la plus juste guerre
» Nous avons, ô guerriers, dit-il voué nos bras.
» Un obscur orgueilleux nous disputait le pas

» Et voulait dominer sur la chevalerie.

» Sans forfaire à l'honneur et sans ignominie

» Devant lui pouvions-nous humilier nos fronts?

» Mais le peuple liégeois prenant pour des affronts

» Les généreux effets d'une noble colère,

» Se porte en offensé, nous déclare la guerre.

» Déjà même il s'avance. Il s'agit, chevaliers,

» De comprimer le feu de ses transports guerriers.

» Le peuple est inconstant. Plus il montre d'audace,

» Plus tôt on le maîtrise, on l'abat, on le lasse.

 » Mais ne délaissons pas le siége commencé.

» Les destins sont changeants : pour un succès faussé

» Chaque jour nous promet une double victoire.

» Choisissez donc, Seigneurs, si vous voulez m'en

                        [croire,

» Pour diriger le siége un guerrier consommé,

» Qui, respecté de tous et de tous estimé,

» Joigne au coup d'œil de l'aigle une mâle prudence.

» Comptant sur votre appui, sûrs de votre vaillance,

» Nous, pour le conjurer, nous courons au danger.

» Nous quittons; mais bientôt un prudent messager

» Du comte de Namur requerra l'assistance :

» A Jean duc de Brabant uni par alliance,

» Guy nous vaudra lui seul plus d'un puissant secours,

» Et la Flandre par lui nous prêtant son concours,

» Pour peu que nous sachions nous tenir en haleine,

» Nous donne du succès l'espérance certaine. »

 Il dit : et les guerriers irrésolus, douteux,

Se regardent surpris. Théodard de Wideux :

« Si la valeur, dit-il, le sang-froid, le courage

» Devaient de notre choix emporter l'avantage,

» Le mien sur Luxembourg tomberait à l'instant.

» Mais le sort des combats, sort aveugle, inconstant,

» Sur le lit des douleurs le retient et l'accable.

» Mais de donner conseil il n'est point incapable.

  » Par des faits éclatants, dignes d'un plus beau jour,

» Enlevant de l'armée et l'estime et l'amour,

» Rigald a su pour lui mériter notre zèle.

» Il est jeune, c'est vrai ; mais en ami fidèle,

» En frère, Luxembourg éclairera ses pas.

» Pourquoi, nobles seigneurs, ne l'élirions-nous pas ?

» C'est le sang des héros que suit notre bannière ;

» C'est un héros lui-même au seuil de la carrière. »

Il dit : de toutes parts un bruit approbateur
Accueille son discours. Une noble pudeur
Monte au front de Rigald ; il rougit, s'intimide.
Ce n'est plus ce guerrier aux combats intrépide,
Affrontant mille morts d'un courage de fer :
C'est un modeste enfant devant son magister.

Du départ des Beauforts quelle sera la suite,
Nous le verrons plus tard. Allons à la poursuite
De Spontin enfourché sur le cheval-démon.

———

Le vol de l'aigle altier et l'essor du ballon
Ne sont rien au regard de la haute volée
Que prit l'hippodémon. Sur cette bête ailée,
Cheval-chauve-souris, Spontin du haut des cieux
Vit la terre et les mers disparaître à ses yeux.
Le Globe fut bientôt un point imperceptible,
Une dragée, un grain à passer par le crible,
Qu'il pouvait, s'il eût eu l'estomac irrité,
Avaler sans frémir comme un grain de santé.

« Quoi ! se dit-il alors : le voilà donc ce monde,
» Dont on s'occupe tant , et sur lequel on fonde
» Tant de riches espoirs, tant d'immenses projets ;
» Où l'homme forcené court d'objets en objets ,
» S'exténue à plaisir , et jamais ne s'arrête ! »

Spontin philosophait : quand soudain , de sa tête
Le soleil devenu par trop proche voisin,
Lui lança des tisons à faire du calcin.
Sa cervelle s'en va hors d'aplomb et d'équerre :
Vite il serre la bride et pique vers la terre.

Maintenant, qui dira le délice qu'il eut,
De boire à la nuée autant qu'il le voulut,
En saura plus que moi qui n'eus jamais l'envie
D'aller faire si haut de la cosmographie.

Spontin s'abaissait donc vers son point de départ,
Quand jetant sur la terre un curieux regard,
Il voit près de la Meuse et non loin de Filée
Deux foyers d'incendie éclairer la vallée.
« Que vois-je ? exclame-t-il. — Quoi ? dit l'hippodémon. »

Spontin en entendant parler le compagnon ,
Laisse couler la bride et d'une main agile
Va commencer un signe à l'enfer très-hostile....
Mais le destrier rue et berne son fardeau :

« Arrête malheureux, ou c'est fait de ta peau !
» Si de folle croyance, une fois en ta vie
» Il te prend un accès : c'est un genre d'envie
» Que sur la terre ferme on pourrait te passer,
» Mais qu'ici sur mon dos je t'invite à laisser.

» Ces flammes que tu vois sur les bords de la Meuse,
» C'est Tihange qui brûle. Ardente, impétueuse,

» Conduite par Burchard , la race des Liégeois
» Par la flamme et le fer revendique ses droits.
» Vois le castel de Gosne , et plus loin son village
» Où le feu fait encore un plus affreux ravage.
» C'est en détruisant tout, maisons, moissons, trou-
[peaux,
» Qu'on vide les procès sur les droits féodeaux ,
» Et que par mille maux un vain tort se redresse.

 » Vois au-dessus de Huy , sous cette forteresse
» Dont les murs et les tours s'élancent jusqu'aux cieux ,
» Du jour sur mille fers briller les derniers feux.
» C'est Beaufort assiégé que les bandes huitoises
» Pressent avec fureur. Mais ces troupes bourgeoises
» S'épuiseront en vain contre des chevaliers
» Que défendent bien mieux qu'armes et boucliers
» Des murs ancrés au roc , et mieux que des murailles
» Un puissant talisman scellé dans leurs entrailles.
» Car dans le Trou-Manteau gît un riche trésor :
» Un charme indestructible enfin , la chèvre d'or.

 » Tourne aussi tes regards au cours de la Méhagne.
» Vois ces guerriers nombreux qui longent la campagne,
» S'avançant de Moha sur Marneffe et Piteit :
» C'est un corps de Liégeois qu'un féal banneret,
» Jean de Berlo commande. Il se hâte , il lui presse
» De surprendre Fallais en gagnant de vitesse.
» A l'improviste il va sur ce manoir tomber,
» Et sans un prompt secours Fallais doit succomber.
» —Mais, réplique Spontin, au castel sans défense
» N'est-il aucun moyen de porter assistance?
» Comment donc les Beauforts seront-ils avertis ?
» Et qui de ce péril va leur donner l'avis?

» — Bientôt, dit le démon, des messagers fidèles
» Arriveront au camp, porteurs de ces nouvelles.
» Mais il sera trop tard : et d'insignes douleurs
» Ils seront les témoins et non les défenseurs.

» Cependant le castel peut résister encore,
» Si quelque chevalier dont la valeur s'honore
» Commandait sur ses murs, et si sa noble ardeur
» Des soldats abattus relevait la vigueur.
» C'est à toi, fier Spontin, c'est à ta mâle audace,
» Quand tout semble perdu, de défendre la place. »

En achevant ces mots le sombre hippodémon,
Sans tarder, sans donner le temps d'un oui, d'un non,
S'abaisse sur Fallais, s'abat d'une volée
Sur la cour du manoir. Dans la voûte étoilée
Spontin, à peine à pied, voit son palefroi noir
S'élever, disparaître : ainsi qu'on voit le soir
Perçant l'obscure nuit la brillante fusée
S'élancer dans les airs; puis, de feux épuisée
S'affaiblir, s'effacer, laissant encore les yeux,
Quand elle est disparue, arrêtés sur les cieux.

FIN DU CHANT NEUVIÈME.

CHANT DIXIÈME.

ARGUMENT. Vitecourt arrive à Ciney. — D'Halloy assemble les chefs
Desprez est élu commandant de la ville. — On répare les fortifica-
tions. — Le Bailli envoie la vache à Halloy.

Aveugle, irréfléchi, le vulgaire frivole
Ne voit que le présent. Un doute le désole ;
Une perte, un revers le plonge au désespoir.
Et si l'instant d'après, une lueur d'espoir
Resplendit à ses yeux, écarte le nuage,
Il a tout oublié, la joie est son partage.

Tel alors de Ciney, fut l'heureux citadin.
Quand réduit anx abois, noyé dans le chagrin,
Il recueillait le fruit de son imprévoyance,
Et que le Ciel clément fesait à sa défense,
Au plus fort du danger, voler tous ses voisins ;
Alors il élevait ses suppliantes mains
Vers l'Être tout-puissant qui lance le tonnerre.
Mais, le danger passé, les soupirs, la prière,
Firent place au bonheur, au plaisir des banquets.

L'Aurore, à son lever, ne vit aux parapets,
Pour garder la cité contre toute surprise,
Que de rares guerriers, et dans la grande église
Quelques moines pieux, qui, pleins d'humble ferveur,
Pour rendre grâce à Dieu, psalmodiaient en chœur.

D'Halloy veillait aussi. Son écuyer fidèle.
Vitecourt, arrivait. Enchanté de son zèle,
(Car l'écuyer se tut sur ses petits méchefs)

Le Bailli l'envoya réveiller tous les chefs.

Dès qu'ils sont assemblés, Jean d'Halloy leur expose
Qu'ayant prêté leur aide à la plus noble cause,
Ils doivent jusqu'au bout en soutenir les droits,
Et qu'un premier succès veut de nouveaux exploits :
« Car le prince , dit-il , la nation entière
» Fixe les yeux sur vous. Liége en auxiliaire
» Se hâte en ce moment d'accourir vers ces lieux.
» Bientôt sur son chemin les armes et les feux
» Vont porter le ravage aux terres ennemies.
» A leurs castels brûlants , guidés par les furies,
» Les Beauforts voleront , abandonnant leur camp
» Au débile soutien d'un faible lieutenant.
» Ne serait-ce donc pas , et honte , et félonie
« Si , lorsque tout conspire à sauver la patrie ,
» Nous montrant moins ardents aux belliqueux travaux,
» Nous nous engourdissions dans un lâche repos.

» Mais, il vous faut un chef en qui l'expérience
» Soit un gage pour tous d'entière confiance.
» Prenez-le parmi vous. Ma seule ambition
» Est d'écraser l'orgueil de la rébellion.
» En ne retenant pas un pouvoir qui vous blesse,
» Loin de moi de penser, Seigneurs, que je m'abaisse;
» Car je ne rougis point de n'avoir pas d'aïeux.
« Naître illustre c'est beau, le devenir c'est mieux.
» Que m'importe d'ailleurs à qui l'on obéisse?
» Ce qu'il nous faut à tous , c'est que l'on réussisse.
» Élisez donc ce chef. Présent , je l'aiderai ;
» Absent, qu'il ait des siens le concours assuré. »

Il dit. A ces discours et prudent et modeste
L'Assemblée applaudit de la voix et du geste.
On choisit Raes Desprez pour le commandement.

Raes ennemi mortel de tout retardement,
Contre un second assaut veut prémunir la ville.
Tout s'agite à sa voix, tout veut se rendre utile.

Les gens de Rochefort aux carrières d'Aljoux
Font éclater la pierre à grand bruit sous leurs coups :
Les baudets de Bertrix dont l'humeur peu guerrière
Fit la figue aux Copers, traînent de la carrière
A pas graves et lents de grands et lourds chariots.
Les verriers, oubliant de plus nobles travaux,
Réparent en chantant les brèches des murailles.
Les cadets de Tellin arrachent les broussailles
Du front des vieilles tours, et rouvrent les fossés.
Tous les murs, les donjons, rebâtis, exhaussés,
Présentent à la vue une ville nouvelle.

Dans les sombres forêts, sous la hache cruelle
Des enfants de Bouillon, d'Ardenne et Mongaultier,
Tombent le chêne antique et le haut peuplier
Que façonnent en pieux, balistes et machines
Les charpentiers Marchois, les charrons de Custines.

Pendant que les Copers et les Saint-Hubertois
Courent les champs voisins, protègent les convois,
Le puissant Hesbignon appuyé sur sa lance,
Assure le travail, et veille à la défense.
Tout s'unit, en un mot, pour tendre au même but.

Tels on voit au labeur apporter leur tribut
Les vigilants castors, d'un zèle égal prodigues,
Soit qu'à la vague altière ils opposent des digues,
Soit qu'au courant des eaux ils tressent leurs cloisons,
Elèvent une écluse, ou suspendent des ponts.

L'un bat, pétrit l'argile, en ciment la façonne;
L'autre au dur mahoni de ses doigts se cramponne
Et de ses dents d'acier et le scie et l'abat;
D'autres traînent le bois; et dans ce vif ébat
Où l'un prépare et l'autre exécute l'ouvrage,
Tout concourt, tout profite au commun avantage.

De ces travaux guerriers nos bons Seigneurs-
[bourgeois
Avec leurs alliés partageaient tout le poids.

A peine le soleil, au bout de sa carrière,
Va dans le sein des eaux éteindre sa lumière,
Que Choquier et Dinon délaissant leurs foyers
Vont prendre, pour la nuit, la place des guerriers.
Jacqueline toujours au guet les accompagne.

Mais, pour Sans-Peur, il bat jour et nuit la campagne.
C'est la mouche du coche : il se croit important.
Il surveille l'ouvrage, et n'est jamais content.
C'est ceci, c'est cela : rien n'est bien à sa place :
Il va, vient, court et vole : il mesure, repasse;
Saute d'un mur à l'autre et veut être partout;
Jusqu'à ce qu'un malin que ce jeu pousse à bout,
Le fait choir, pour borner ses courses éternelles,
Dans un ciment boueux jusque sous les aisselles.

Le mayeur Cabolet ne l'est plus que de nom :
L'état de siége a fait couler sa barque à fond.
Mais sa dame n'a point perdu son énergie :
Eh ! quoi, vivre ignorée, est-ce donc une vie ?
Des vivres elle a pris la surveillance en main :
C'est elle qui les livre et met en magasin;
Le tout sans intérêt: sinon qu'un hasard mêle
Parfois à ses deniers ceux de sa clientèle.

Pour eux, ne pouvant mieux, aux pieds de l'Eternel
Les chanoines et clercs lèvent les mains au ciel ,
Pour qu'il daigne en pitié prendre leur pauvre ville.
Ils disent à l'envi patenôtres par mille :
Mais un *avé* parfois s'échappe de leurs cœurs
Pour qu'il les sauve aussi de leurs libérateurs.

Cependant le Bailli pour mettre son ôtage
A couvert d'attentat, trahison ou dommage,
Ordonne que la vache et la vieille Vibour
De Ciney nuitamment délaissent le séjour.

O mystère ! ô secret ! fatales destinées !
Blanchette , tu passais d'innocentes journées
Au sein tumultueux des terreurs , des combats :
Mais tu pars !... je frémis... qu'adviendra-t-il? hélas !

Le mortel simple et pur, sous l'invincible égide
De l'austère Vertu qui l'excite et le guide ,
Montrant à ses regards un avenir heureux,
Livre son pied sans peine au sentier épineux.
Il chérit ses liens, il bénit ses alarmes :
Pour lui la Vertu seule a de solides charmes.
Mais, malheur ! si, suivant ce sentier plein d'horreurs,
A ses regards surpris apparaissent des fleurs,
Et que, pour les cueillir, il s'arrête et délaisse,
Imprudent ! cette main qui retient sa faiblesse.
La Mollesse aussitôt accourant sur ses pas,
Lui sourit , le captive et l'endort dans ses bras :
Puis , à sa triste sœur le livrant sans courage,
La Volupté cruelle achève son ouvrage :
Et pour lui , dont le cœur ne formait aucun vœu ,
La vertu n'est qu'un songe , et le vice est un dieu.

Entre Aljoux et Braibant, près de Gez et d'Emptines,
Dans un pays riant parsemé de collines,
Est un vallon charmant. Une épaisse forêt
Dans ces temps reculés partout l'environnait.
Cachée à tous les yeux cette aimable retraite,
Pour la paix, les plaisirs, le bonheur semblait faite.
Le sage qui foulait l'herbe fraîche en ses prés,
Sentait son cœur, ses sens vers le ciel attirés ;
Et du chant des oiseaux la douce mélodie
Dans son esprit moins froid portait la rêverie.

Là, le Boc, enchaîné dans les moulins d'Aljoux,
Roule ses eaux plus vif, et fuyant en courroux,
Serpente et se prodigue à deux rives égales
De terres en verdure, en richesses rivales.
Jamais rien ne troublait la paix de ces beaux lieux,
Que les longs beuglements des vaches et des bœufs,
Quand, les ombres du soir tombant dans la vallée,
Par la corne au son clair leur troupe rassemblée
Regagnait lentement le toit hospitalier.

Ces lieux étaient Halloy, et d'un seigneur altier,
Du Bailli du Condroz, formaient la résidence.
Assis sur un rocher, comme pour sa défense,
Le Fort-l'Évêque au loin dominait le vallon
Lui prêtant pour secours et sa force et son nom.

C'est là que vint Blanchette, et c'est là qu'exilée,
De Gosne elle eût bientôt oublié la vallée,
Si les bons cœurs pouvaient perdre le souvenir
Du sol qui les vit naître et doit les voir mourir.

Mais, ô mortelle erreur de l'humaine nature !
Il est un sentiment sans borne et sans mesure

Que Blanchette ignora jusqu'en ces derniers jours :
Ah ! puisse-t-elle encore, et l'ignorer toujours !
                                                    [tresse,
    Sans cesse, aux premiers temps, seule avec sa maî-
Répondant tendrement à sa tendre caresse,
Son être n'éprouvait, pur, tranquille, innocent,
Que l'amitié qu'inspire un soin reconnaissant.
Ses beaux jours qui coulaient en pleine quiétude,
N'accusaient pas son cœur de triste solitude.
Aucun désir plus vif n'osait troubler ce cœur
Et son bonheur était d'ignorer son bonheur.

    Mais tandis qu'elle paît, suivant sa conductrice,
Dans le pré du manoir ; purs de tout artifice,
Ses timides regards rencontrèrent les yeux
Du chef de son troupeau, jeune bœuf vigoureux
Dont la brillante peau, blanche comme l'ivoire
Se tachait à longs traits d'ébène la plus noire.
Lui ne put contempler d'un œil indifférent
Cette jeune beauté dont le port séduisant,
Et l'élégante allure et le pas souple et calme
A l'Io fabuleuse eût disputé la palme.

    O d'un second regard trop redoutable effet !
Le premier était pur, l'autre fut indiscret.
Et bientôt à l'envi, leurs yeux se rencontrèrent :
Puis, longuement fixés, ensuite ils se parlèrent.
Ce langage muet qu'il était éloquent !
Blanchette dans son cœur sent naître cependant
Un secret déplaisir, un trouble involontaire.

    Parfois sous le tropique une brise légère
S'élève et rafraîchit le brûlant nautonnier.
Mais quand il voit ensuite un grain blanc s'éployer,
    La crainte le saisit ; il fait ferler les voiles.
Juste effroi ! Le ciel noir bientôt n'a plus d'étoiles :

En flots tumultuenx se débat l'Océan
Que la foudre sillonne, et soulève l'autan.

Ainsi ce bien flatteur que chérissait Blanchette,
Lui ravit le repos et se tourne en tempête.

Tu vis ce changement, ô sensible Vibour !
Tu maudis les destins de ce triste retour.
Blanchette méconnaît les soins de ta tendresse ;
Elle ne te rend plus caresse pour caresse :
Blanchette est une ingrate. Ah ! pardonne un moment :
Ses pleurs te vengeront de son égarement.

Ce n'était point assez de tant d'ingratitude.
Vibour succombe au poids de sa sollicitude :
Blanchette dépérit. Alors son amitié
Ne connaît plus la plainte et se change en pitié.
Elle n'a qu'un souci. Tendrement inquiète
Elle veut à tout prix guérir, sauver Blanchette,
Et rendre intact un jour ce dépôt précieux.

Blanchette est libre enfin. Au comble de ses vœux,
Après de longs ennuis enfin elle respire :
Elle vole au troupeau dont elle accroît l'empire.

Je m'arrête... Laissous Blanchette en ses erreurs
S'enivrer à longs traits de trompeuses douceurs.
L'avertir !.. C'est trop tard ; nos cris seraient stériles :
Il n'est de bons conseils que les conseils utiles.

Mais d'ailleurs, nous avons quitté depuis longtemps
Les Liégeois que Spontin vit tantôt combattants.
Alors, ils s'assemblaient et se formaient en groupes :
Allons les reconnaître et voir passer leurs troupes.

FIN DU CHANT DIXIÈME.

CHANT ONZIÈME.

ARGUMENT. — Description des bons métiers de Liége. — L'étendard de St Lambert. — L'armée sort de Liége et suit le rivage de la Meuse. — Elle se sépare en deux corps : l'un se porte contre Tihange, l'autre contre Fallais.

Ni l'or, ni la grandeur ne nous rendent heureux :
Disait Jean le bon homme à nos sages aïeux.

De toutes les erreurs dont notre siècle abonde,
Il n'en est pas peut-être en écueils plus féconde,
Que celle qui prétend, prêchant l'égalité,
Tirer l'homme, au hasard, de son obscurité.

Tous les humains, dit-on, par droit d'intelligence
Sont égaux, sans qu'aucun mérite préférence :
Et tel obscur mortel, qu'on paraît dédaigner,
S'il était mieux connu, serait apte à régner.
N'a-t-on pas de ce fait plus d'un exemple insigne ?
Né dans un plus haut rang, en est-on le plus digne
D'occuper les emplois et de fixer les yeux ?

Sur l'univers entier lançant les mêmes feux
Un même soleil luit, féconde la nature.

C'est vrai : mais chaque objet veut sa température :
Sans elle il s'étiole, ou cesse d'exister.
Si l'ami des jardins s'avisait de planter

5*

Sous un même soleil et dans la même terre
Les arbustes, les fleurs de diverse atmosphère,
Le bouleau de nos bois, le palmier du désert,
L'ardent camellia, le thuya toujours vert,
Qui ne se récrirait d'une telle ignorance ?
Quoi ! de nos fraîches fleurs la riche efflorescence
Ne plaît—elle pas mieux à notre œil enchanté
Que le plan rabougri de l'exoticité ?

De même, un bon manant qui guide sa charrue,
Dit l'adage, vaut mieux qu'un noble dans la rue,
L'avocat affamé qui guette les procès,
Peut du simple artisan jalouser les succès ;
Et tristement esclave, à sa table noircie
Le scribe regretter, le rabot et la scie.

« Maudite, disent-ils, l'aveugle vanité
» Qui fit, au père heureux dans son obscurité,
» Découvrir en son fils un enfant du génie,
» Né pour semer d'honneurs et d'or son humble vie !
» Ah ! sans ce fol orgueil l'aisance et le bonheur
» Sur mes jours ignorés répandraient leur douceur.
» Ma pauvreté, du moins, libre d'ignominie,
» Ne se voilerait point d'une pourpre flétrie.
» Ignorant, je n'aurais à fuir que mes travers :
» Instruit, je deviendrais l'arbitre de mes pairs :
» Ou comme Adam Billaut chaste amant de la gloire,
» Sans quitter l'établi, mon temple de mémoire,
» Maniant tour à tour la lyre et le ciseau,
» J'érigerais mon chaume en parnasse nouveau. »
[pères.
Voilà, Liégeois, comment pensaient, vivaient nos
Un cercle étroit mettait des bornes salutaires

A cette ambition, à ces désirs sans fin
Que tout homme ici-bas alimente en son sein.
Ces classes, quoi qu'on feigne, encore déprisées,
Ces métiers pour lesquels nos temps ont des nausées,
Ces rangs dont les degrés étaient passés en loi,
En renfermant chacun dans son unique emploi,
De l'orgueil inquiet réprimaient l'insolence,
A chacun procuraient une douce existence,
Et de la paix publique assuraient le maintien.

Le génie incompris, ennemi d'un lien,
Alors comme aujourd'hui, savait rompre ses chaînes :
Et s'il ne surgissait qu'environné de peines,
Le peuple, au jour de gloire, à ses succès certains
Avec plus de chaleur applaudissait des mains.

Mais on ne prisait point comme chose commune
Le talent, le renom, le rang et la fortune ;
On savait s'incliner devant plus grand que soi :
On honorait le pauvre, on vénérait le roi.
Ne pouvant aspirer aux biens, aux rangs suprêmes,
On ne soulageait point par d'horribles blasphèmes
Contre Dieu, la nature et la société
Un cœur ambitieux sottement irrité :
Et, déchu d'un espoir orgueilleux et cupide,
On ne recourait point au hideux suicide.

Voyons donc défiler nos bons métiers liégeois :
Ce fut ta gloire, ô Liége ! aux beaux temps d'autrefois.
Ils nous tiendront longtemps ; mais je vous en convie,
Ne vous arrêtez point, si cela vous ennuie.

L'Aurore du soleil annonçait le retour;
Ou, si vous le voulez, c'était le point du jour,

Quand Burchard de Hainaut conduisant ses cohortes,
Aux trente-deux métiers vint faire ouvrir les portes.

Les Fèvres vigoureux s'avancent les premiers.
Deux mille forgerons, cloutiers et postainiers,
A visage et mains noirs, marchent sous leur bannière
Où brille un marteau d'or. Leur devise guerrière,
Leur cri, c'est saint Eloi! dont ils ont les vertus
Tout autant qu'il en faut pour n'être point pendus.
La lance sur l'épaule ils suivent Jean Desrées.

Après eux les Charliers. De charettes ferrées
On les dit avaleurs, ou bien, grand fanfarons :
Mais ils sont forts, nerveux, et nullement poltrons.
Notre Dame! est leur cri. Leur bannière vermeille
Porte une roue en or. A leur tête est d'Oreille.

Suivent les Charuwiers. Leur chef Wéry Jabon
De deux cents Walburgeois commande un escadron.
Ils sont armés de faux, marchent d'un air superbe.
Mais le lien vaut mieux, dit-on d'eux, que la gerbe.
Saint Isidore! c'est le cri des charuwiers.

S'ils méritent la hart, que dire des Meuniers?
Ils mélangent, dit-on, ils volent la farine.
Et peut-être est-ce à tort; car si dans leur usine
La meule fait voler la farine en tournant,
Ils en ont l'âme nette autant que le dos blanc.
Cap les conduit. Leur cri, c'est sainte Catherine!
Dont la roue aux voleurs fait allonger la mine.
Aussi de leur drapeau n'est-ce point l'ornement;
C'est l'anille de sable au sein d'un champ d'argent.

Voici les Boulangers. C'est encore une espèce
De fraudeurs patentés dont on vante l'adresse

Pour accroître le poids et remplacer le blé.
Leur pennon bleu déploie un bâton dentelé
Avec quatre pains d'or, deux à dextre et senestre,
Signes du poids frustré dont ils font le séquestre.
Leur chef n'a pas de nom. Tout honnête voleur
Peut d'être son parent solliciter l'honneur.

Suivent les Vignerons que commande Lairesse.
Il n'a point de Bacchus la trogne enchanteresse.
Maigre et muni d'un nez qui semble un paravent,
Il crie en clair fausset le cri de saint Vincent !
Son enseigne est d'argent à la grappe vermeille.

Tête ronde et nez plat, cheveux courts, large oreille,
D'azur à deux pics d'or portant un étendard,
Marchent sous Massillon, criant saint Léonard !
Les Houilleurs que leur peau, que leur langue damnée
Font prendre pour la gent aux enfers condamnée.

Sous un drapeau de pourpre, au long poisson d'argent
Brochant sur perron d'or, suivent Gilles Marchand
Les Pêcheurs qui pour cri, pour patron ont saint Pierre.
De loin à leur approche, une odeur meurtrière
Fait fermer tous les nez. On sent à leur abord
Qu'ils vendent pour vivant le poisson souvent mort.
              [Reules.
Les Cuveillers, Sclaideurs marchent sous Luc des
Leur guidon blanc fait voir tonneau, marteau de
              [gueules.
Leur devise est; à boire ! et Notre-Dame aux fonts !
Quand ils tirent le vin, ils en gardent les fonds
Sous prétexte de lie, en brouillant avec elle
Quelques bons pots de vin, surcroît d'un gain fidèle.

Voilà les Portefaix. C'est celui des métiers
Qui renferme le plus de robustes guerriers.

Spadassin redouté tout comme redoutable,
Le portefaix payé jette à l'eau, donne au diable
Un homme pour six sôs, ou l'assomme de coups.
Le Pollain est le chef de ce peuple si doux.
Saint Lambert! est son cri. Sur sa rouge bannière
Un portefaix chargé s'affaisse vers la terre.

Maintenant les Drapiers et les gens à ciseaux,
Retondeurs et Tailleurs à jambes en arceaux,
S'avancent étonnés de s'en aller en guerre.
De soi, ce dur métier ne les allèche guère :
Mais c'est une croisade, où pour gain ils auront
Le drap qu'ils ont soustrait, celui qu'ils soustrairont.
Leur enseigne écarlate avec ciseaux et forces
Est lentement suivi de huit cents jambes torses.

Les Brasseurs sont montés sur leurs pesants chevaux,
Lourde cavalerie, apte aux plus durs travaux.
Leur cri c'est, saint Arnould! et bien que l'on médise
Sur les profits malins du temps de la cerise,
Saint Arnould les protège : ils sont tous gras et gros
Et, par la taille au moins, ils semblent des héros.
Dejardin les commande : il a sur sa bannière
En champ vermeil un rable, et pot et pinte à bière.

Viennent les Vieux-Wariers, qui, pour les paysans
Doublent les draps de plomb pour les rendre pesants.
Ensuite les Naiveurs, race blasphématoire.
Criant, saint Nicolas! ce peuple, à l'âme noire,
Nage sans se fier, au moment du danger
Au grand et saint patron qui doit les protéger.
Jureurs, mal embouchés, les Mairniers qui les suivent
Ont l'air de réprouvés que les démons poursuivent.

L'ancre de l'espérance avec deux avirons
Brillent sur le drapeau de ces vrais Éburons.

Les Pentiers, au pennon orné de fine hermine
Dont les chats font les frais avec la gent lapine,
Marchent, suivis de près de leurs pairs les Tanneurs
Et des Cordouaniers leurs humbles serviteurs.
L'enseigne des Tanneurs porte une aigle éployée,
Celle de leurs suivants la botte appariée,
Les Pentiers, l'écureuil qui grignotte une noix.
Saint Hubert! Jean! Crespin! sont les cris de ces trois.

Les pauvres Corbesiers arborent la savate.
Leur escadron n'a pas une odeur d'aromate :
A leur abord on dit : ce sont des savetiers !
Mais alors, ni jamais, est-il de sots métiers?
Car la savate enfin peut chausser le génie ;
Eh! que de savetiers dans notre ère bénie !
Ils ont Crepinien ! pour patron et pour cri.

Soyeurs et Charpentiers aux ordres de Grandry,
Réclamant saint Joseph ! s'avancent en silence.
Ce sont de bonnes gens dont toute la vaillance
Se borne à charpenter, raboter et scier.
Aussi, pour les combats doit-on peu s'y fier.
Doux comme leur patron, au moindre cri d'alerte,
Chacun quitte ses rangs, court à la découverte.

Arrivent les Mangons. Ces hommes valeureux,
Douze lustres plus tôt, disputèrent aux preux,
Aux champ de Montenack, la palme de la gloire,
Et d'un combat douteux firent une victoire.
Pour prix de cet exploit, alors qu'à saint Lambert
On célèbre ce jour, leurs seuls bras en concert

Font de sa sombre tour gronder l'airaiu sonore.
Le bourdou solennel semble redire encore
A la cité liégeoise, aux vallons d'alentour
Le haut fait des bouchers qu'on exalte en ce jour.
Honneur donc aux Mangons ! bieu qu'il n'est pas qu'on
[sache
Que leur gloire les porte à livrer bœuf pour vache.
Liuard d'Ans est leur chef : de pourpre est leur pennon
Au bœuf d'argent qui charge un civique perron.

　　Voici venir la gent harengère et fruitière.
Sous l'habit féminiu, celte race guerrière
Porte un cœur de héros. Gare aux faibles humaius
Que leur langue poursuit, qui tombent dans leurs
[mains !
Leurs gestes et leurs cris, leurs ongles, leurs huées
Leur font en plein midi voir de sombres nuées.
Pourtant ne croyez pas qu'elles soient loups-garous.
Assis au coin du feu, leurs fortunés époux
Out tous les jours de l'an l'hiver de la marmotte,
Et possèdent tous droits, sauf ceux de la culotte.
Même, dans ce grand jour, leurs femelles sultans
Les fixent au logis pour garder les enfants.
Au cri de Mère-Dieu ! Marey Bada les guide.
　　Trois harengs couronnés, en un drapeau splendide,
Brochent sur l'oranger que porte un champ d'argent.

　　Puis, voilà les Maçons qui vont en dandinant.
De travail et d'efforts ce peuple fort avare,
Met sa sueur au prix du baume le plus rare :
Un semblant de cette eau sur le front du plus fort
Serait le pronostic d'une prochaine mort.

　　Avec eux les Scailteurs marchent de compaguie.
Cette race des toits et des dangers amie,

Va délibérément, et de ses traits malins
Accable ceux auxquels l'unissent ses destins.
Sainte Barbe! est leur cri : car la mort les relance
Sur les murs et les toits, grâce à leur imprudence.

Suivent les Chandelons, Floqueniers et Merciers.
Leur cri, c'est saint Michel! Mais parfois ces métiers
Offrent pour rendre à tous leur négoce agréable,
Avec un cierge à l'Ange, une chandelle au diable.

Ces derniers escadrons portent sur leurs drapeaux
Signes d'état : marteaux, équerres, gants, chapeaux.

En sarreau de fin lin et légère toilette,
Sur leurs drapeaux vermeils portant pelle et navette.
Marche des Tisserands, des Cureurs, des Toiliers
Le bataillon propret. Ce sont moins des guerriers
Qui s'en vont des combats affronter la tempête,
Que de frais jouvenceaux qui courent à la fête.
Aux sons de la viole on les voit s'avancer :
Elle règle leurs pas sur des airs à danser.

Le premier escadron était celui des Fèvres,
Celui qui clôt la marche est celui des Orfèvres.
Les Peintres avec eux arborent un pennon
Où sur l'or éclatant brille un triple écusson.
Les châsses sous leurs mains se couvrent de dorures
Que relève l'émail par ses riches peintures.
Ce n'est point saint Éloi! leur cri. (Combien d'entr'eux
Au lieu d'un siége d'or pourraient en rendre deux?)
Mais c'est saint Luc. Leur chef est Marc des Boveries
Dont l'habit resplendit d'or et de pierreries.

Enfin, on voit briller aux rayons du soleil
Quarante chevaliers en pompeux appareil.
Avec leurs écuyers ils forment double haie
Autour de Jean Berlo, haut-voué de Hesbaie,
Portant de saint Lambert l'étendard solennel,
Qu'il doit par son serment rapporter sur l'autel.

Ou le défendre à mort, sous peine de parjure.
Blanc est son destrier, et blanche son armure.
Cent chevaliers bardés et de fer et d'airain,
Sur cent nobles coursiers qui blanchissent leur frein,
Le suivent. Leur maintien, leur visière haussée
Font lire dans leurs yeux d'intrépides pensées.

Ils sont accompagnés de cent Franchimontois.
Verviers, Theux, Stavelot, le pays Limbourgeois,
Viennent de toutes parts, pleins d'une ardeur guerrière,
Sans attendre l'appel, prendre part à la guerre.
Maestricht aussi s'émeut, et déjà les Tongrois
Vont par bandes vers Liége avec les Saint-Tronois.
Bientôt Looz, Weert, Hasselt, la Campine liégeoise
Enverront les renforts de leur troupe bourgeoise.

Mais dans ce siècle heureux, les volages guerriers
Ne s'asservissaient point aux travaux meurtriers.
Libres après un temps qu'abrégeait leur caprice,
Pour revoir leurs foyers, ils quittaient la milice.

Vingt mille combattants, de la porte d'Avroy
Au vallon de Sclessin, mettent tout en émoi.
Mère–Dieu! saint Lambert! et mille cris sauvages
Frappent la Meuse et font retentir ses rivages.
Sclessin! aimables lieux! ô vallon enchanteur,
Où resplendit de Dieu le regard protecteur!
Que le soleil levant est beau sur tes montagnes!
Qu'il rend tes prés riants, et riches tes campagnes!
Sous tes ombrages frais, sur le bord de tes eaux,
Que l'homme qui contemple éprouve un doux repos!
Heureux! si de nos jours l'inquiète richesse
Ne troublait pas tes champs et leur paisible ivresse.

L'armée, en longs replis s'étendant sous Tilleur,
Atteint bientôt Jemeppe, où le vaillant mayeur,
Quirini, que distingue une fougueuse audace,
L'attendait, rassemblant ses guerriers sur la place.

Flémalle, Ivoz, Ramet sont bientôt dépassés :
On découvre Ramioul qui, deux siècles passés,
De l'illustre Bouillon fut souvent la retraite.
Puis apparaît Choquier érigé sur le faîte
D'un rocher sourcilleux dont le sauvage aspect
A la vaillance même inspire le respect.
Plus loin est Aigremont dont les vieilles murailles
Des quatre fils d'Aimon rappellent les batailles.
L'armée, après Engis, gagne Awirs, Flône, Empsin.

   Là, les soldats bourgeois harrassés du chemin,
Firent halte. A Burchard, selon l'antique usage,
Laminne vient offrir ses secours, son hommage
Et cent choses de plus, comme il est à penser.

   Dans ces temps que le nôtre aspire à rabaisser,
Laminne était brillant d'esprit, de politesse :
Il savait l'alchimie, et dans les tours d'adresse,
Il eût ravi la palme au roi des Bohémiens.
Même il sentait un peu le fagot : et les siens
N'étaient pas sans soupçons de quelque noir mystère.
Du reste, en l'art des vers, troubadour ni trouvère
Ne pouvait le lui prendre. Il composait sonnets
Lais, virelais, rondeaux, ballades, triolets.
Il avait du génie, était homme à ressource.
Aussi quand les Liégeois, reposés de leur course,
S'apprêtaient à poursuivre en traversant les eaux,
César eût jalousé son beau pont de bateaux.

   Toute l'armée alors en deux corps se partage.
Aux ordres de Berlo, côtoyant le rivage,
L'un d'eux vers Huy s'avance, où le bruit des vivat!
L'accueille et le conduit jusqu'au sommet de Stadt.

Burchard conserve l'autre et campe sous Tihange.
Là, dès le lendemain, en bataille il se range,
Non loin de Neumoustier, où repose le corps
De ce moine humble et grand dont les pieux transports
Emureut l'Occident que sa vive faconde
Fit voler au tombeau du Rédempteur du monde.

De Tihange déjà nous connaissons le sort :
Gosne est en feu ; sans cesse on assaille Beaufort :
Et le vaillant Berlo près de Fallais arrive.
Mettons fin à ce chant, car ma muse craintive
D'un sujet prolongé redoute trop l'ennui,
Et Rigald veut qu'enfin nous retournions à lui.

FIN DÙ CHANT ONZIÈME.

CHANT DOUZIÈME.

ARGUMENT. Rigald fortifie son camp. Il poursuit l'image d'Alice, traverse la grotte de Han ; tombe dans un lieu enchanté.

Commander, chers amis, n'est pas chose facile :
Le sceptre brille aux yeux du vulgaire imbécille
Qui n'en voit que l'éclat sans en peser le poids.
Le grand bonheur pour lui, c'est le bonheur des rois.
Mais ce terme brillant où l'homme aveugle aspire,
Ce bonheur, qu'il est loin de ses vœux en délire !

Le jeune aigle d'abord du jour craignit les feux ;
Plus tard, son œil se fixe au soleil radieux.
Ainsi l'ambitieux au plus haut de sa sphère,
En voit pâlir l'éclat, et ressent sa misère.
A peine assis au faîte où tout doit l'éblouir,
Il se trouve le même, et ne sait plus jouir.
Devenu pour le monde une autre providence,
Epanchant à son gré la corne d'abondance,
Il veut semer la joie, il soulève des cris ;
Aux nuages d'encens se mêlent des mépris.
Et son cœur, si l'orgueil n'est pas son bien suprême,
A ses folles grandeurs dit cent fois anathème.

Dès l'enfance Rigald, nourri dans les honneurs,
Et les désavouant par d'intimes douleurs,

L'ambition trouva son âme indifférente.
Dans le choix de ses pairs sa peine dévorante
Ne vit que des travaux sans espoir de bonheur.
Il subissait sa gloire : eh ! qu'est-ce pour un cœur
Que ronge un sombre ennui, qu'un feu secret ulcère,
Que la splendeur du rang, sinon une chimère?
Et les Beauforts d'ailleurs, en quittant leurs quartiers,
Emmenaient avec eux la fleur de ses guerriers.
Trop heureux, s'il pouvait à force de prudence
De son camp délaissé pallier l'impuissance ;
Et par ses voltigeurs répandus dans les champs
Eloigner l'ennemi de ses retranchements.

Ondoyant à longs plis sur leur tente déserte
L'enseigne des Beauforts aux yeux voilait leur perte.
Et Rigald fréquemment, par le son des clairons
Appelait aux combats ses faibles escadrons,
A leurs rangs éclaircis donnait de l'étendue
Et semblait pour l'assaut les passer en revue.

Mais il n'oubliait pas un soin plus important :
Il devait à la fois fortifier son camp ;
Car des Beauforts, un jour, l'absence prolongée,
Pouvait se révéler à la ville assiégée !
Il prévient ce danger. Pour se mettre à couvert
De surprise et d'attaque, il veut qu'il soit ouvert
De fossés escarpés une enceinte nouvelle,
Et que son camp doublé soit une citadelle.

Les sorcières pourtant, gardiennes du Condroz,
Prévoyant ses malheurs, en perdent le repos.
Qui dira les soucis qu'éveillèrent en elles
De ses derniers périls les alarmes cruelles ?

Contre les coups du sort lutter et se raidir,
C'est bien ; mais mieux encore est de les prévenir.

Ainsi, c'était trop peu que, par leur vigilance,
Trois courriers des Beauforts eussent causé l'absence,
Rigald restait au camp, Rigald dont la valeur
D'un funeste destin conjurait la rigueur.
Il fallait l'éloigner ; et leur sollicitude,
De ses travaux secrets, en fit l'unique étude.

Entre Legnon, Pessoux, Jannée et Haversin
Sont de vastes forêts. Là, le même dessein,
Quand l'aurore chassait les ombres paresseuses,
Amenait des deux camps des bandes travailleuses,
Mais l'ardeur aux travaux, ou la témérité
Poussant au même point d'un et d'autre côté
Ces bûcherons armés, trop souvent la clairière
Devenait le champ-clos d'une lutte guerrière.

Rigald, pour mettre un terme à ces fréquents combats
Qui dépeuplaient sans fruit les rangs de ses soldats,
Sort un matin du camp avec un corps d'élite.

Calme et sans autre soin, il allait à sa suite,
Devisant doucement avec le jeune Alban,
Fils de sire Hemricourt, qui lui contait comment
Naguère avec son père il fut en Palestine,
Et vit des vrais croyants la gloire et la ruine :
Et comment, dès quatre ans, il y vit arriver
Un jeune et beau héros, formé pour captiver
Par ses traits enchanteurs, par sa noble vaillance,
Les cœurs nés pour l'honneur et l'austère innocence.

Comme il continuait, rappelant l'amitié
Qui dès les premiers temps à lui l'avait lié,

Jusqu'au jour où quittant ces plages étrangères,
Au milieu des dangers, et sourd à ses prières,
Il dut l'abandonner aux caprices du sort;
Soudain, dans un détour qui mène à Rochefort,
Rigald qui, tout pensif, écoutait en silence
Et de ses souvenirs calmant la turbulence,
Laissait dans la clairière errer son œil distrait,
Rigald voit traverser au fort de la forêt
Sur un léger coursier, en habit de bataille,
Un chevalier dont l'air, la tournure, la taille
Réveillent ses esprits et font battre son cœur.

—C'est lui, s'écrie Alban..—Mais une brusque ardeur
Emporte au loin déjà le héros dont l'envie
Croit voir celle qui règle et son sort et sa vie.

Ce guerrier entendant le galop du coursier
Qui vole sur ses pas dans le même sentier,
Tourne la tête.... O ciel! ô prodige! ô merveille!....
C'est elle! c'est Alice!.... (A l'homme qui s'éveille
Après un rêve affreux en un beau jour d'été,
L'éclat d'un soleil pur rend la sérénité).

Oui, c'est elle... Rigald revoit celle qu'il aime...
A de cruels ennuis un délice suprème
Succède, rafraîchit et captive ses sens.
Il veut crier, le trouble étouffe ses accents.
Alice !.... Mais Alice au loin sur la bruyère
Est lancée et n'entend ses cris ni sa prière.

Rigald pique des deux, enfonce l'éperon :
Mais Alice s'éloigne, et l'écho du vallon
Répète le galop du coursier qui l'entraîne.
Rigald presse sa trace. — En vain le cerf promène,

Égare en cent détours par mille faux fuyants
La meute qui le suit : les limiers bondissants,
Guidés par la nature, à l'instinct se confient ;
Et cent fois dépistés, cent fois ils se rallient.

De même, à son coursier abandonnant le frein,
Toujours l'oreille au guet, les yeux dans le lointain,
Séduit par son penchant, au travers du feuillage
De celle qu'il adore entrevoyant l'image,
De ses pas épiant la trace sur le sol,
Rigald, impétueux comme l'aigle en son vol,
Poursuit incessamment l'objet de sa pensée
Qui se ravit, se montre à sa course empressée.

Il vole de Massogne aux steppes de Legnon
Suit le cours du Hagou, dépasse Corbion ;
De Ronveau vient tomber aux rives de la Hogne ;
Voit tour à tour Custine, Ardenne, Chevetogne ;
Gravit de Montgauthier le redoutable mont,
Ce lieu jadis si cher aux quatre fils d'Aymon ;
Puis des bords du Vachau redescend sur la Lesse.

Son Coursier, haletant sous le poids qui l'oppresse,
Ne suffit plus qu'à peine à sa brûlante ardeur :
Lui-même sent son front ruisseler de sueur :
Il s'affaisse accablé par sa pesante armure,
Et cependant encore il pique sa monture.
Car de plus près, ce semble, à ses yeux éblouis
Il vient de voir briller au travers du taillis
Ce panache éclatant de blancheur et de grâce
De celle qu'il chérit et qu'il suit à la trace.

Bientôt il va calmer cette vaine frayeur
Qui fait qu'Alice fuit par une triste erreur

6

Celui que son cœur veut, celui dont la présence
Fit son suprême bien aux jours de son enfance.

Mais aux bords de la Lesse en vain il la poursuit :
Partout il la retrouve, et partout elle fuit.
Il dépasse Jambline, Villers, Lessive, Eprave :
Il va l'atteindre enfin, il la joint : une entrave,
Un obstacle imprévu, la montagne de Han,
La grotte d'où la Lesse échappe en mugissant
Vont l'arrêter. Sa voix tâche à se faire entendre.
Alice ralentit ; Alice va l'attendre.
Elle semble un moment écouter, réfléchir :
Rigald se hâte, est proche ; il va la retenir.

Mais ô douleur amère ! ô sort triste et bizarre !
Quand un seul jet de flèche encore l'en sépare,
Vers la grotte il la voit courir, et d'un seul bond
S'élancer, disparaître en ce gouffre profond.....

Quand une mère aimée attend sur le rivage
Le vaisseau qui ramène un fils qu'un long voyage
A depuis bien des ans soustrait à son amour :
Si, lorsqu'on le signale, et qu'enfin de retour,
Elle aspire à presser dans de douces étreintes
Ce fils objet d'amour, d'espérances, de craintes ;
La tempête s'émeut, et, qu'esclave des vents
L'onde terrible au port roule en flots bondissants :
Elle frémit, frissonne et ses mains suppliantes
S'élèvent vers le Ciel que ses lèvres tremblantes
S'efforcent d'apaiser par des cris, par des vœux :
Et son cœur maternel d'accord avec ses yeux
Est fixé sur la nef, soit qu'en montagne humide
Le flot la porte aux cieux ou que d'un choc rapide

Il retombe avec elle et semble l'engloutir.
O triste mère ! A peine elle pousse un soupir :
Folle d'espoir, de crainte, elle n'est plus du monde :
Son cœur avec sa vie est le jouet de l'onde.
Quand parfois le soleil perçant l'obscurité
Lance à travers la nue un rayon de clarté,
Elle respire alors, son âme se soulage.
Mais que la foudre enfin, déchirant le nuage,
Fonde sur le navire, ouvre ses flancs aux flots,
Et que l'immense mer l'abîme dans ses eaux,
La pauvre mère alors égarée, éperdue,
Tombe sans mouvement sur le sable étendue.

Tel Rigald immobile, oppressé de douleur,
Perdant à cet aspect un reste de vigueur
Que soutenait en lui l'amour et l'espérance,
S'arrête incontinent. Il hésite, il balance.
Dans un tel désespoir qu'a-t-il à ménager ?
Peut-il encor survivre ? un espoir mensonger
Trouvera-t-il encor le chemin de son âme ?
Non. Jusqu'au bout du monde Alice le réclame,
Ou le trépas enfin finira tous ses maux.
Il pousse son coursier vers l'endroit où les eaux
L'ont ravie à son cœur, dérobée à sa vue.

Mais un antre escarpé d'une immense étendue,
Dont la voûte suspend dans un cercle profond
Des rochers menaçants sur un gouffre sans fond,
L'arrête, et nul sentier ne lui livre passage.

Il plonge le regard dans cet antre sauvage,
Et dans un creux obscur voit, la rame à la main,
Assis dans un esquif, un méchant petit nain.

« Holà ! vieillard, dit-il, n'as-tu pas tout à l'heure
» Fait entrer ou reçu dans ta sombre demeure
» Un jeune chevalier ? — Eh ! qu'importe ? répond
» Négligemment le nain. Eh ! qui le cherche donc ?
» — Moi-même : et je t'invite à parler sans réplique.
» — Oh ! que vous êtes vif ! Quelle mouche vous pique ?
» Et puis, s'il est ici, quel bien, Sire, ou quel mal
» Veut votre Seigneurie à ce guerrier loyal ?
» — Parle vite, vilain, ou bien..... — Ho ! la menace
» N'effraye ici personne. Allons ! un peu d'audace !
» Sans crainte comme lui dans ce lac jetez-vous :
» Nagez à gauche, à droite : ici j'attends vos coups.
» — O nain, écoute-moi ; prends pitié de ma peine.
» Si tu pouvais savoir le sujet qui m'amène,
» Tu répondrais bientôt. Demande, que veux-tu ?
» Je saurai reconnaître un service rendu.
» — Oh ! ceci : c'est parler d'une voix plus humaine !
» Vous autres, grands seigneurs, d'un ton haut et
                                        [sans gêne
» Croyez tout obtenir : et quand il faut prier,
» Courber un peu l'échine, un peu s'humilier,
» Ce que l'on vous accorde est un poids qui vous pèse.
» Conservez vos présents ; car, ne vous en déplaise,
» Je n'en ai nul besoin. Mais si votre dessein
» Est de suivre un ami jusqu'en ce souterrain,
» Je pourrai vous guider. Entrez dans ma nacelle. »

Sans hésiter, Rigald saute aussitôt de selle,
A des saules voisins attache son coursier,
Et livre ses destins aux mains du nautonnier.

Maintenant sur le lac, sous les arceaux funèbres,
Rigald avec lenteur vogue dans les ténèbres.

Dans ce séjour nul bruit que le remous des flots
Que soulève la rame ; et la voix des échos
Qui transporte le son du clapotis des ondes,
Et le fait retentir dans les voûtes profondes.
Un lugubre silence inspire la terreur :
Rigald est pénétré d'une secrète horreur ;
Car du jour qui le fuit s'éteint le crépuscule.

Quittant la rame, alors le nain, sans préambule,
Des veines d'un caillou fait pétiller le feu :
Une torche enflammée illumine ce lieu.

Rigald est ébloui du spectacle magique
Qui frappe ses regards. C'est un riche portique
Où, dans les profondeurs d'arcs de voûtes sans fin,
De colonnes d'albâtre un innombrable essaim
S'élance et puis retombe en lampes scintillantes.
Quelquefois, au milieu d'arabesques brillantes,
La vigne avec le lierre entrelacent l'ormeau.
La Sculpture, plus loin, s'armant de son ciseau,
Arrondit les contours du destrier rapide :
Ici le fier lion ; là, le chevreuil timide.
L'ours blanc du nord glacé, le superbe éléphant
Décorent d'un palais le parvis élégant.
Là s'élève un autel, ici c'est un trophée.
Plus loin, du creux d'un roc sort une blanche fée
Qui, reine de ces lieux, la baguette à la main,
Vient en fermer l'entrée au téméraire humain.

Au terme de sa course enfin la nef arrive.
Mais la torche pâlit ; sa lueur fugitive
Expire et va s'éteindre. Alors le nain lui dit :
« Sire, encore un instant et l'horreur de la nuit

» Va faire place au jour : mais il faut du courage.
» Suivez-moi prudemment je frairai le passage. »

Qui maintenant dira les peines, les travaux
De Rigald qui s'engage en ces sombres caveaux ?

Tantôt marchant courbé, tantôt rampant à terre,
Glissant sur le limon, heurtant contre la pierre ;
Les mains, les pieds meurtris ; tout trempé de sueur,
Il domine avec peine un frisson de terreur.
Le doute, malgré lui, fatigue sa pensée.
L'amour n'agite plus sa poitrine oppressée ;
L'instinct seul de la vie occupe ses esprits.
Plus de noir désespoir. S'il n'était entrepris
Il ne le ferait plus ce hasardeux voyage :
Tant sur les passions le mal prend l'avantage !

D'une marche pénible, et de fange chargé,
Rigald suivait le nain, presque découragé ;
Quand au faite arrivé d'une pente glissante,
Il perd pied, tombe, roule ; et d'une voix perçante
Pousse un cri, mais en vain. Le précipice affreux
Absorbe sa victime. Il le sent, et ses vœux
Se tournent vers le Ciel pour le rendre propice.
Mais touchant, ce lui semble, au fond du précipice,
Il se trouve étendu dans des prés verdoyants
Qu'embrâsent du soleil les feux éblouissants.

FIN DU DOUZIÈME CHANT.

CHANT TREIZIÈME.

ARGUMENT. Arrivée des Liégeois à Fallais. Un monstre leur barre le chemin. Désappointement des Liégeois sous Fallais. — Détresse du camp des Beauforts.

Tel est l'intérêt vif qu'éveille la jeunesse,
Que toujours à son sort elle nous intéresse.
Ses vertus, ses défauts, ses plaisirs, ses douleurs
Captivent nos esprits et séduisent nos cœurs.

Vous-même, philosophe au ton grave et sévère,
Dont l'austère sagesse aux muses fait la guerre,
Condamne en un récit tout éclat emprunté,
Et veut que le vrai seul orne la vérité;
Si, fesant un moment, pour lire cette histoire,
Trève à vos hauts pensers si dignes de mémoire,
Vous avez bien voulu suivre dans ses détours
Rigald électrisé par de folles amours;
Vous avez malgré vous, senti naître en votre âme
Ce tendre sentiment, cette pitié qu'enflamme
Le vertueux chagrin d'un aimable héros
Qu'un sort impitoyable a privé du repos :
Et, si la douce erreur ne me flatte, peut-être,
Par le charme attiré, vous désirez connaître
La suite d'un récit qui paraît fabuleux.

7

Trop heureux d'avoir pu vous rendre curieux,
Je vous dirais le sort du jeune téméraire :
Mais il faut dès l'instant, dussé-je vous déplaire,
Courir à nos Liégeois qui touchent à Fallais.

Les coursiers du Soleil vers l'humide palais,
Effrayés par la Nuit qui les suit et les presse,
Descendaient entraînés, redoublaient de vitesse,
Quand les corps des métiers aux ordres de Berlo
Sur le ciel rembruni voient de loin le château
Dont les toits élancés, les tours, les murs antiques
S'allongent dans les airs en formes fantastiques :
Au terme de leur course, ils hâtent tous le pas.

L'air se condense alors, comme quand les frimas
Tombent des monts glacés et couvrent la vallée.
Le castel et ses tours et la voûte étoilée
Disparaissent soudain dans un épais brouillard.

L'effroi trouble les rangs. Les guerriers au hasard
S'avancent, sans se voir à deux pas de distance.
On se heurte, on se choque, on retarde, on devance :
On n'entend que des cris, des imprécations,
C'est un tohu-bohu de contradictions.

Tout à coup le bruit cesse. Au sein de la brouée
S'élève en cet instant une sombre nuée
Qui lentement s'accroît, s'élance, atteint les cieux.
Telle apparaît le soir comme un roc sourcilleux
Une tour isolée, ou tel pend sur nos têtes
L'orage obscur qui va déchaîner les tempêtes.
Tous les yeux sont fixés sur cet objet d'horreur :
Les guerriers consternés frissonnent de terreur.

Mais la noire colonne élancée en spirale
Prend forme, se dessine en ombre collossale,
Et découvre soudain un monstre immense, affreux.
L'enfer creusa ses traits, la foudre est dans ses yeux,
De sa bouche enflammée, étendue et béante
Sort comme d'un volcan une langue sanglante.
Deux cornes à travers ses cheveux hérissés
Percent comme deux pins sur la roche élancés.
Son nez crochu grimace un rire sardonique :
Un poil épais le couvre en güise de tunique :
Son air farouche, horrible et ses deux pieds fourchus,
Sa longue queue annonce un des anges déchus.

« Arrêtez, leur dit-il, d'une voix de tonnerre
» Qui semble s'échapper des gouffres de la terre,
» Comme les sons grondeurs, sourds et tumultueux
» De l'Etna qui mugit près de lancer ses feux ;
» Arrêtez, vous que pousse une enfantine audace :
» Quittez ce fer pesant, cette lourde cuirasse
» Qui vous accable en vain, et craignez le trépas.
» Soldats-bourgeois, allez, retournez sur vos pas :
» Allez, sans faire ici montre d'un vain courage,
» Retrouver les douceurs d'un paisible ménage,
» Consoler votre épouse et bercer vos enfants.
» Cédez aux vrais guerriers la fatigue des camps.
» Chassez ces suborneurs qui vous prêchent merveille,
» Et dans d'affreux périls vous mènent par l'oreille.
» Moi, que vous regardez comme un fier ennemi,
» Je suis en ce moment plus qu'eux tous votre ami,
» Car je n'abuse point de votre foi crédule.
» Fuyez... ou ma fureur, sans autre préambule........

Il parlait, grossissant de plus en plus sa voix ;
Quand, d'un coin, le lorgnant d'un œil vif et narquois,
Certain abbé Chefnai, rieur au ton caustique,
Peu crédule, dit-on, et même un peu sceptique ;
Fort bon homme d'ailleurs, grand voyageur surtout,
Qui pour beaucoup savoir, courait, rôdait partout ;
Chefnai, dis-je, traçant un cercle sur la terre,
Fait maint signe au-dedans, disant mainte prière,
Et mots mystérieux d'un effet expulsant.
Puis, s'y place, et d'un ton ferme et retentissant :
« Je t'acconjure, ô toi ; fils d'enfer, homme ou diable,
» Quel es-tu ? — Qui ?.... répond d'une voix effroyable,
» Le fantôme grinçant des dents en furieux,
» Et lançant de sa bouche une gerbe de feux ;
» Je suis Satan.... Et toi, d'où te vient, téméraire,
» D'oser m'apostropher ? — C'est à toi de te taire,
» Insolent ennemi des hommes et de Dieu.
» Je t'ordonne, sans plus, de partir de ce lie
» Et de donner passage à nos troupes fidèles.
» — Eh ! bien, je m'en irai, puisque tu m'interpelles
» Au nom de mon cruel et puissant ennemi :
» Je te livre le sort d'un serviteur chéri,
» Mais tu m'en répondras, ou j'en aurai vengeance,
» Vengeance qui fera frémir l'humaine engeance
» Jusqu'aux siècles futurs.... » Il en aurait dit plus,
Mais mons Chefnai trouvant ses discours superflus,
Et n'ayant cure alors de fleurs de rhétorique,
Usa d'un argument peu d'usage en logique.

Des mains de son servant il saisit l'aspergès,
Et d'un bras que conduit l'espoir d'un plein succès,

Il lance au grand démon un fleuve d'eau bénite :
Une goutte l'atteint : d'une chute subite
Sous la terre Satan s'abîme eu un moment.

Les guerriers sont saisis d'un grand étonnement.
Fallais sur l'horizon de nouveau se dessine :
L'armée à son aspect se remet, s'achemine
Morne, silencieuse et mesurant ses pas.

C'est ainsi qu'à l'écho du géant des combats,
Lorsque sur Walerloo, vaste champ de bataille,
L'airain tonnant semait la mort et la mitraille,
Que la terre tremblait sous les coups redoublés
De mille éclats de foudre épars et rassemblés ;
Seutant le sol frémir sous sa marche incertaine,
Pour mieux ouïr souvent retenant son haleine,
Le Belge consterné, tressaillant, inquiet,
Fut trois jours dans l'attente, immobile et muet.

Cependant les bourgeois méditant le prodige
Que fit le saint abbé sur l'infernal prestige,
Reprennent cœur, et pleins d'un courage nouveau,
Parviennent à la fin aux portes du château.

Mais, ô triste bas monde ! ô trompeuse espérance !
Ils croyaient l'enlever sans nulle résistance ;
Et voilà, qu'arrivés sans encombre aux remparts,
Le cor guerrier soudain sonne de toutes parts,
La porte sur ses gonds roule avec violence,
Les herses en grinçant retombent en cadence,
On relève les ponts ; et les pauvres bourgeois
Trouvent pour bienvenue un visage de bois.
Ils se sont rassemblés tout autour des barrières,
Mais au lieu de souper, une grêle de pierres

Les accueille et les force à rebrousser chemin.

Tout était bien prévu. Ce n'était pas en vain
Que Spontin de l'espace avait franchi l'obstacle.
Jamais maître démon n'avait fait de miracle
Mieux placé, si tant est que miracle il eût fait.
Quand Richard arriva, tout était au parfait.
Spontin avait tout vu : murs, bastions, courtines,
Portes, fossés, créneaux, balistes et machines :
Sauf, qu'en preux qui jamais ne pense au lendemain,
Dans ses murs bien fermés il renferma la faim.

Pour nos pauvres Liégeois que tant d'impolitesse
Recevait au moment où la faim, la détresse
Les talonnait au pair des plus fiers ennemis,
De ce brusque salut ils furent si surpris,
Qu'au premier coup de pierre ils perdirent la tête.
Se poussant, culbutant, ce fut dose complète
De jurons franc-liégeois, de malédictions
Dont la force dément toutes traductions.

L'assiégé spectateur de cette peur panique,
En trouve le tableau d'un aspect si comique,
Qu'il le prend en risée, et, pour en voir l'effet,
Jette arc, flèches et fronde et saute au parapet.
L'assaillant entendant de longs éclats de rire,
Pense qu'il s'est mépris : il s'arrête, il respire ;
Puis rit de tout son cœur. Spontin accourt. Voyant
Rire des deux côtés, il en fait tout autant.
Richard survient, voit rire et rit jusques aux larmes.
Invisible témoin, le démon des alarmes
En perd son sérieux. Et notre historien
Présent à ce spectacle, écrit, foi de chrétien,

Qu'on ne vit jamais rire ainsi moine, ni chantre,
Et que lui-même rit à se tenir le ventre.

Pour nous, ne rions pas. Notre temps soucieux
Ne nous le permet plus comme à nos bons aïeux.
Pour eux, c'est différent. Vivant dans l'ignorance,
Ils avaient la gaîté, le bonheur pour science.
Profonde erreur ! c'est vrai : car penser, raisonner,
Pâlir sur des calculs, parler, s'époumoner
Intriguer, parvenir, c'est la douce folie
Le vrai bien, et celui que notre siècle envie
Pour nos tristes aïeux la joie était un gain ;
Ils ne riaient jamais, le compas à la main :
Ignorant d'un dîner la puissante imposture,
Ils banquetaient sans faste et buvaient sans mesure.

De nos jours plus de ris. L'enfant, même au berceau,
Balbutie en pleurant la fable du Corbeau.
Le jeune homme à quinze ans est déjà philosophe.
Il politique, il juge, il discute, apostrophe :
Il fume, qui plus est ; et son teint, ses yeux creux
Prouvent qu'il en sait plus que nos simples aïeux.
O siècle exubérant de progrès, de science,
Qui fait de nos neveux des vieillards dès l'enfance
Et qui dans la vieillesse en fera des enfants !

Mais allons à Ciney revoir nos assiégeants.

———

Je vous ai dit tantôt la brusque départie
De Rigald entraîné par une erreur chérie.
Alban fut stupéfait. D'abord il le suivit,
Puis rebroussa chemin, s'arrêta, l'attendit :

Puis fesant peu d'état de cette courte absence,
Il guida les guerriers à la reconnaissance.

Mais le jour se passa, le soir vint, la nuit vint,
Sans que Rigald parût. Le camp s'alarme et craint
Pour les jours de son chef. Dans son ardeur guerrière
L'armée à son secours veut voler tout entière.
Le sage Luxembourg réprime cet élan.
De nombreux chevaliers, sous les ordres d'Alban
Parcourent le pays : mais leur recherche est vaine.

Enfin s'offre à leurs yeux, égaré dans la plaine,
Le coursier de Rigald. Dès lors on perd l'espoir
De retrouver sa trace et de plus le revoir.
Grand fut le deuil au camp. Chacun dans sa tristesse
Ne prévit désormais que revers et détresse.
Pressentiment trop vrai !... Dans ce pressant danger
Luxembourg aux Beauforts envoie un messager
Qui réclame à grands cris leur aide et leur présence.

La saison s'avançait. La pluie en abondance
Inondait les chemins, entravait les transports.
Les vassaux murmuraient ; et malgré les efforts
De Luxembourg, d'Alban et des chefs de l'armée,
La Disette aux yeux creux, à la face exhumée,
Rôdait autour du camp, écartait les convois,
Et mettait lentement l'assiégeant aux abois.
Lors, la Fièvre brûlante accourt avec furie
S'unir, pleine de joie, à sa funeste amie,
Entraînant sur ses pas la terreur et la mort.

Qui peindra des guerriers le lamentable sort ?
Consumés par la faim, l'ennui, la maladie,
Ils traînent à regret une mourante vie.

Plus de jeux, plus de ris ni de gais passe-temps
Où le soldat oisif trompe l'ennui des camps.

Si tendres pour Ciney, les cruelles sorcières.
Par un zèle barbare accroissent ces misères.
Elles infectent l'air, empoisonnent les eaux,
Amoncellent la pluie; et pour comble de maux,
Quand la foudre brûlante annonce les orages,
Une grêle acérée entr'ouvrant les nuages,
Sur les tentes s'élance, arrache les anneaux,
Ballotte, rompt la toile et la met en lambeaux.

Exposé sur sa couche aux coups de la tempête,
Le guerrier voit le ciel qui menace sa tête.
Il gémit, crie en vain. Les plus vaillants soldats,
Ceux qu'on vit mille fois affronter le trépas,
Dont le casque de fer et la lourde cuirasse
Jamais dans les périls n'enchaînèrent l'audace,
Gisent exténués sur d'ignobles grabats.
Ils ne respirent plus la gloire et les combats :
Ils invoquent la Mort et l'horrible mégère
Fait signe au médecin, et s'en vient la première.

L'esculape barbier arrive au rendez-vous
Il fait tirer la langue, interroge le pouls;
Disserte, et de son mieux chassant la maladie
Allège le mourant du fardeau de la vie.
Puis, s'il voit au défunt chaîne au col et joyaux,
Bons angelots en bourse, aux doigts riches anneaux,
Il joue adroitement de l'index et du pouce
Et, pour les mieux garder, les glisse dans sa trousse,
Craignant que tout à l'heure un cupide guerrier
N'arrive, et sans remords, n'en prive un héritier.

Que dire du fléau de la disseuterie ?
Las ! cet objet se sent mieux qu'il ne s'amplifie.

Muse, si tu prétends ébaucher ce tableau,
Prête-moi tes accents, ton plus léger pinceau.
Tout sujet sous tes doigts est fait pour la peinture :
Téniers dans ses écarts embellit la nature.
Mais non, omettons-le : des lecteurs délicats
Jouiraient sans pitié de mon sage embarras.
Et comment retracer des douleurs si terribles,
Sans agacer les nerfs de ces âmes sensibles
Qui, rien qu'en entendant parler des maux d'autrui,
Croient sentir aussitôt les mêmes maux que lui.

Je ne dirai donc rien de ces instants critiques
Où les guerriers surpris de soudaines coliques
Se tenant des deux mains et le ventre et les flancs,
Grimaçaient, s'agitaient, hurlaient, couraient les
                                                    [champs,
Comme si des serpents dévoraient leurs entrailles.
Heureux, quand ils pouvaient atteindre les murailles!

Mais détournons les yeux. Un fléau général
A la stricte décence est quelquefois fatal.

Le mal sévit bientôt avec tant de furie,
Qu'on put voir, sans pudeur faire de compagnie
Ce qui blesse les yeux autant que l'odorat.
Eh ! que de fois les chefs, inspectant le soldat,
Passant entre les rangs de l'armée en alarmes,
Se virent présenter autre objet que les armes !

Muse, changeons de ton : ce spectacle d'horreurs
Assombrit notre esprit en soulevant nos cœurs.
Rigald coule des jours de paix, d'insouciance :
Ah ! s'il savait les maux que cause son absence,

On le verrait , fuyant loin d'un séjour heureux ,
Voler à ses amis et mourir avec eux.
Mais , maintenant captif et soumis à des charmes
Il n'a pour leurs douleurs nuls secours , nulles larmes.

FIN DU CHANT TREIZIÈME.

CHANT QUATORZIÈME.

ARGUMENT. Rigald dans le lieu enchanté boit l'eau de la Fontaine
de l'oubli. — Palais merveilleux. Statues des hommes célébres de
Liége et de la Belgique. — Fète et banquet.

Anciens et bons amis, quand je vous lus ces chants,
Où ma lyre exprima de tendres sentiments,
Force fut, entendant ma voix, parfois austère,
S'adoucir par degrés et devenir légère,
De me dire en riant et scrutant dans mes yeux :
Oh! ceci, notre ami, fera des curieux!
                                        [crime
Et moi, de vous répondre : Eh! quoi, serait-ce un
D'accorder à l'amour quelque tribut d'estime ;
De croire qu'ici-bas, il est pour plus d'un cœur
Dans un autre lui-même un gage de bonheur ?
Si le Ciel refusa notre âme à la tendresse,
L'a-t-il empreinte aussi de cette âpre rudesse
Qui défend aux mortels de jamais être heureux,
Et par les seuls tourments veut les conduire aux cieux ?
Non, nou ; ce n'est point là le Dieu bon que j'adore :
Comme de chastes vœux un chaste amour l'honore.
Aux pieds de ses autels deux amants prosternés,
L'appelant à témoin de leurs nœuds fortunés,
Peuvent en se jurant un éternel servage
Du Christ et de l'Église être la vive image.

Loin de nous seulement ce penchant séducteur,
Qui, poursuivant l'amour, en méconnaît l'auteur :
Se plonge avec remords dans de vaines délices
Et semant des plaisirs, recueille des supplices.
Il n'aimait pas ainsi notre jeune héros :
Mais quand vit-on unis passion et repos?

———

Froissé, demi-rompu, brisé par sa culbute,
Rigald resta longtemps étourdi de sa chute
Cependant du soleil les rayons bienfesants
Lui rendirent enfin l'usage de ses sens.

Il entr'ouvre les yeux; il s'agite, il se lève.
Tout ce qu'il voit, entend, est pour lui comme un rêve:
La nature en ce lieu délectable, enchanteur,
Etale à ses regards un tableau séducteur.
C'est un riant vallon formé par deux collines
Qu'arrose un frais ruisseau de ses eaux cristallines.
Une forêt fleurie ou plutôt deux bosquets
Où jamais l'art humain ne mêla ses apprêts
Ornent les deux coteaux. La fauvette volage,
L'oiseau du paradis à l'éclatant plumage
Aux chants du rossignol joignent leurs cris joyeux.
Le cerf et le chevreuil dans ce séjour heureux
Paissent tranquillement sur la libre fougère.

Mais ce qui le surprit d'une étrange manière,
Ce fut de voir au fond de ce vallon charmant
Dont le sol incliné s'élevait doucement,
En long amphithéâtre encadré de verdure,
Un immense palais de riche architecture.

L'art n'avait jusque-là rien offert à ses yeux
De plus beau, de plus grand, ni d'aussi merveilleux.

Vingt colonnes formant un superbe portique
S'élancent sous le faix d'un fronton magnifique :
Les murs sont revêtus de marbres précieux :
Et cent balcons dorés du soleil radieux
Reflètent tour à tour la lumière éclatante.
Les portes sont d'airain : l'art d'une main savante
Y sculpta des sujets qui semblent respirer.
Quand elles s'ouvrent, l'œil aspire à s'égarer
Dans des salons dorés dont la vaste étendue
Resplendit d'ornements qui fascinent la vue.

Rigald reste absorbé dans le ravissement
Et pourtant dans son cœur le calme renaissant
Y porte la fraîcheur qu'exale la prairie.
Un bien-être ineffable, une nouvelle vie
Pénètre tous ses sens. Ce repos de l'esprit
Qui dès longtemps déjà le délaisse et le fuit,
Vient lentement combler les vides de son âme.
Il oublie à la fois et l'amour qui l'enflamme
Et ses longs déplaisirs et les tristes ennuis
Qui troublèrent ses jours, fatiguèrent ses nuits.

Sous le charme puissant du bien qui le captive,
Il va vers le palais en côtoyant la rive
Du ruisseau qui féconde et rafraîchit ces lieux :
Mais bientôt de cent voix l'accord harmonieux
Tient son âme en suspens, l'enivre, l'extasie.
Il se hâte, il s'arrête ; et cette mélodie
Tantôt semble s'accroître et tantôt s'alentir.
Il avance, il arrive, et bientôt va gravir
Le faîte du coteau que le château domine.
Plus il approche, plus il contemple, examine

Ce splendide édifice ignoré des humains.
Il évoque sans fruit ses souvenirs lointains
Sur ce brillant manoir que rien ne lui rappelle.

Soudain mille beautés, du pas de la gazelle,
Des portes du palais s'échappent à l'envi,
Et d'un air vif, heureux s'empressent devers lui.
Sophire les précède. Une beauté sévère,
Un regard imposant que la bonté tempère,
Une taille élancée, un port majestueux
Une noble démarche, un maintien gracieux
Révèlent de ces lieux l'auguste souveraine.

« Quel que soit le hasard, le motif qui t'amène
» Sois, chevalier, dit—elle, ici le bienvenu.
» Ton rang, ton nom . Rigald , rien ne m'est inconnu.
» Viens jouir près de nous de cette paix si chère
» Que n'égala jamais le sort le plus prospère.
» La gloire, les plaisirs, qu'est-ce auprès du bonheur
» Que procurent la joie et le repos du cœur?
» Ici, coulent encor ces illustres fontaines
» Où d'antiques héros burent l'oubli des peines.
» Viens goûter de ces eaux dont le baume enchanteur
» Doit rendre à ton esprit sa première vigueur.
» C'est là le vin d'honneur qu'une amitié sincère
» T'offre, et que tu boiras , si tu veux bien lui plaire. »

Elle dit : et Rigald troublé, balbutiant,
Répond en mots confus qui s'envolent au vent.
Elevé loin des cours, ne sachant que la guerre,
Lutter de courtoisie était peu son affaire.
Elle avance; il la suit, ou marche à ses côtés.

Au fond d'une clairière, en ces lieux enchantés,

Du sein d'un vert rocher jaillissaient peu distantes
Deux sources d'eau limpide en vertus différentes.
Le divin Arioste, à qui le Dieu des vers
Fit jadis en esprit parcourir l'univers,
Sans préciser l'endroit, nous dit que ces fontaines
Se trouvaient toutes deux au milieu des Ardennes.
Mais, plus heureux que lui, nous savons que c'était
Au lieu dont nous parlons, au sein de ce bosquet.
Qui veut les voir encor, n'a qu'à prendre la peine
D'aller les y chercher. — Bref, l'amour ou la haine
La mémoire ou l'oubli, la froideur ou l'ardeur
Etaient l'étrange effet qu'opérait leur liqueur,
Selon qu'on choisissait l'une ou l'autre fontaine.
Aussi bien, Angélique orgueilleuse, inhumaine,
Par malheur pour Renaud, sans dessein, avait bu
De celle qui cachait la haineuse vertu;
Et le pauvre Renaud, honni par la cruelle,
Avait goûté de l'autre et courait après elle.

Que ne peut-on toujours posséder de ces eaux
Pour ces tristes mortels qui perdent le repos
Au gré de quelque vaine et folle créature
Dont le charnier coquet n'abrite qu'imposture!

Rigald donc de la reine accompagnait les pas.
Il se rappelle Alice, et ne l'aperçoit pas;
Il voudrait demander.... puis, il ne sait que dire...
Il commence, il hésite, et sa parole expire....
Eh! qu'y gagnerait-il? Tout le lui montre bien;
Alice n'est pas là. C'est un tour peu chrétien
Dont la sorcière engeance abusa sa faiblesse.

On entre dans le bois. Le charme qui se tresse,

L'aune, et le coudrier qui s'abaisse en berceau ;
La source qui jaillit et tombe en nappe d'eau,
Lançant de toutes parts des perles de rosée,
Font de ce frais séjour un petit Elysée,
Où tout charme, ravit et réjouit les sens.

Plus loin sort et bondit, s'échappant par torrents,
Du creux d'un roc brisé la seconde fontaine,
Qui, houleuse, s'enfuit en bruyant vers la plaine.

La reine s'avançant prend Rigald par la main,
Et va vers la première. Un tranquille bassin
Reçoit les flots d'argent de son cristal limpide.
Des mains d'une suivante au front doux et timide
Sophire prend un vase et le plonge dans l'eau.

« Rigald, dit—elle, aimable et vaillant jouvenceau,
» A qui trop tôt, hélas ! la Fortune cruelle
» Fit sentir des chagrins la blessure mortelle,
» Reçois de l'amitié ce gage sûr et doux :
» Des astres puisse—t-il conjurer le courroux,
» Et nous valoir ta foi, ta confiance entière,
» Jusqu'au jour où le sort te sera plus prospère. »

Elle dit, et Rigald, sans se faire prier,
Altéré, prend la coupe et la vide en entier.

O merveilleux effet de l'enchanté breuvage !
Rigald de sa raison reprend le plein usage.
Ce n'est plus ce Rigald, ardent, impétueux,
Dont les ennuis profonds bravaient et fers et feux,
Qui courait à la mort d'une aveugle furie,
Et jusques aux enfers eût cherché son amie :
C'est Rigald devenu tranquille, indifférent,
Affranchi pour jamais de tout tendre penchant.   8

Il le voit, il le sent; sa surprise est extrême :
Il ne se connaît plus, il se cherche en lui-même.

Il restait dans l'extase ou l'étourdissement.
Mais Sophire l'en tire, et gracieusement
L'invite à visiter sa royale demeure.
Rigald, que désormais aucun souci n'effleure,
Accepte et change à vue en galant chevalier.

Alors qu'il arrivait au pied de l'escalier,
Comme pour le fêter, le concert recommence.
Rigald, surpris, admire un péristyle immense
Que l'art du statuaire orna de ses travaux.
Son œil y reconnaît de modernes héros;
Mais il en est aussi dont les traits, le costume
Trompent ses souvenirs. « Ni la voix, ni la plume,
» Dit la reine à Rigald, des hommes que tu vois
» Ne peuvent point encor redire les exploits.

» Voici Jules César qui dompta la Belgique,
» Et ces hommes fameux dont la trempe énergique
» Défendit ton pays contre les fiers Romains.
» Brave, et jusqu'au trépas déjouant leurs desseins,
» Ambiorix, le chef de la race éburonne,
» Plutôt que de fléchir, brisa sceptre et couronne,
» Et mourut fugitif dans un coin ignoré.

» Tu vois Charles Martel, de l'empire sacré
» Le vaillant défenseur, l'invincible barrière :
» Charlemagne qui sut dans la même frontière
» Renfermer les pays du monde occidental,
» Ami des arts autant qu'habile général.

» Voici Notger. Issu de la race gauloise
» Il fonda, cimenta la puissance liégeoise.

» Saint évêque, savant, politique, guerrier,
» Il ceignit son beau front d'un quadruple laurier.

   » Je ne puis, maintenant, t'expliquer la série
» De ces saints ou savants, gloires de ta patrie :
» Lambert, Hubert, Franco, Baldric et Wolbodon,
» Ruper, Anselme, Hincmar, Sigebert et Wazon :
» Mais d'un art étonnant, ô merveilleux prestige !
» Art perdu, dont l'effet tient vraiment du prodige,
» Viens, connais des héros que cèle l'avenir,
» Et que doit Liége un jour ou haïr ou bénir.

   » Pour toi, par quelques traits j'esquisserai la vie
» De ceux dont les travaux serviront la patrie.
» Vois d'Hemricourt, Fisen, Chapeauville, Foullon
» Dont le talent plus tard s'acquerra du renom
» En traçant des Liégeois la dramatique histoire.
» Ils sont au premier rang; car sans eux la mémoire
» Des gestes éclatants périrait sans retour.

   » Voilà l'illustre Erard qui gagnera l'amour
» Des Liégeois par son zèle et sa magnificence.
» Leur estime éternelle et leur reconnaissance,
» Sous le nom de Markâ perpétûra son nom.

   » Plus loin, de Liége c'est l'immortel champion
» Josse Streel. En passant inclinons-lui la tête.
» Nouveau Léonidas, au fort de la tempête
» Qui menace en fureur sa patrie aux abois,
» Il guide dans la nuit six-cents Franchimontois
» Qui vont laver au sang d'un roi traître et parjure
» Le mépris des traités et la lâche imposture.
» Mais le sort les trahit : un glorieux trépas
» Sera l'unique prix d'héroïques combats.

» Jean de Werth est tout près. Sa seule gloire expie

» Les douleurs qu'il fera subir à sa patrie :

« Tant la gloire séduit par ses brillants attraits !

» Ici d'autres héros, ici d'autres hauts faits.

» Vois ces fameux tribuns dont les labeurs civiques

» Auraient eu des autels dans les siècles antiques.

» Bex, Renardi, Macors, Deschamps, Beckman,
                                        [Dinant

» Qui servirent le peuple en lui vouant leur sang.

» Heureux, si le levain de l'humaine nature

» N'entachait ici-bas la vertu la plus pure !

» Aspirant par les arts à de plus doux honneurs,

» Illustrant le pays, sans lui coûter des pleurs,

» Van Eyck à la peinture ajoute un nouveau lustre,

» De Cologne Gérard fonde le temple illustre :

» Lombard, Zoutman, Damry, Bry, Lairesse, Douffet,

» Delcour, Varin, Grétry, Carlier et Bertholet,

» Porteront des Liégeois au loin la renommée ;

» Je dis, au loin : hélas ! que de fois transformée,

» Leur muse-changera de contrée et de nom !

» Liége, ingrate patrie ! où d'un triste abandon

» Sont trop souvent payés les enfants du génie ;

» Où l'étranger est seul à l'abri de l'envie !

» Mais de ce sombre objet détournons les regards.

» Rigald, un temps viendra plus favorable aux arts :

» Mais dégradée alors et réduite en province,

» Liége, hélas ! aura vu tomber son dernier prince.

» Heureuse encore, au jour qu'elle doit succomber,

» De voir au même joug l'univers se courber :

» Et plus heureuse encore, après un long servage,

» De donner le signal pour sortir d'esclavage !

» Belges! vous les verrez ces Liégeois valeureux,
» Dans un siècle amolli, dignes de leurs aïeux,
» Emboucher du réveil la trompette guerrière,
» Se porter à votre aide avec un cœur de frère,
» Et préservant les leurs, défendre vos foyers.
» Point de grands généraux, point d'illustres guerriers :
» Au peuple aidé de Dieu doit en être la gloire.

» Vois, la saie en lambeaux, couvert de poudre noire,
» Un soldat appuyé sur un tube d'airain :
» C'est la Jambe-de-bois. Il tiendra dans sa main,
» Des décrets éternels instrument héroïque,
» Quatre longs jours entiers, le sort de la Belgique.

» Lamberts, à ses côtés, tient le bras étendu :
» Ses yeux lancent la foudre. Il ne s'est point rendu
» Au traître, épée au poing, qui promet et menace :
» Il sauve son pays et ne veut point de grâce.

» Plus loin est un héros couché sur son cercueil.
» Il se lève à demi, montrant d'un noble orgueil :
» Qu'il semble heureux d'avoir sacrifié sa vie
» A sa foi sainte, aux droits de sa belle patrie !
» C'est Mérode, en ces jours, la gloire de son nom.

» Près de lui, vois son frère. Avec moins de renom,
» Mais égal dévoûment à la cause civique,
» Félix saura répondre en tout moment critique
» Au cri de ses aïeux : *plus d'honneur que d'honneurs.*

» Ici, c'est d'Oultremont. Aux premières lueurs
» Qui des Belges captifs éclaireront les chaînes,
» Sans calculer du sort les chances incertaines,
» Neveu d'un prince aimant, des Liégeois adoré,
» Il en rappellera le souvenir sacré.

» Toujours au premier rang dans ce péril extrême,
» Les Liégeois le suivront comme leur chef suprême.

» Vois Raikem devant qui la fière antiquité
» N'a point de ses Catons à vanter l'équité :
» Gerlache dont la voix incessante, énergique
» Lassera les tyrans, sauvera la Belgique :
» Notomb dans la tempête habile homme d'état ;
» Rogier qui tour à tour sera chef et soldat :
» De Theux dont le sens droit, Lebeau dont l'éloquence
» Au pays chancelant rendront la confiance :
» Verken avec Lucas soulevant les Liégeois :
» Stas dévouant sa vie au prince, au peuple, aux lois :
» Et cent héros obscurs qu'hélas ! l'ingrate histoire
» Oublira... je dois... mais .. l'ombre déjà plus noire
» Du soleil au déclin annonce le départ.

» Pourtant, avant d'entrer, arrêtons le regard
» Sur ce noble guerrier dont le port et l'armure,
» Les traits majestueux, la royale stature
» Font naître un sentiment de respect et d'amour.
» C'est le premier roi belge. Issu du sang Cobourg.
» Léopold que le sort promit trois fois au trône,
» Des Belges affranchis agréra la couronne.
» Il s'en montrera digne en sauvant son pays
» De ses propres dangers et de ses ennemis.
» Des rois d'un peuple libre il sera le modèle.

» Remarque à ses côtés sa compagne fidèle.
» Miroir de bienfesance, image des vertus
» Que dans ses souverains le Belge aima le plus,
» Louise ! ton beau nom fera tressaillir d'aise,
» Comme les noms chéris d'Isabelle et Thérèse,

» Le pauvre à son foyer, l'infirme en son grabat :
» Et le Belge attendri, de tout sexe, âge, état,
» Connaîtra, bénira tes augustes mérites.

» Mais, trève en ce moment d'éloges parasites.
» L'amour d'un peuple et non de vains éclats de voix
» Sont le signe certain du mérite des rois.
» Trop heureux, si jamais ce vrai gage d'estime
» N'attendait leur trépas pour se rendre unanime ! »

Elle dit, et soudain par un art merveilleux
Le palais resplendit des jets de mille feux.
Les glaces de cristal de l'immense édifice
De ces feux mille fois répètent l'artifice ;
Comme l'astre des nuits réflétant sur les eaux
Fait scintiller au loin et miroiter les flots.

Il entre dans la salle où Sophire l'appelle.
Là, l'or avec l'argent brille, éclate, étincelle ;
Le marbre et le sandal en forment les lambris
Où règnent des festons de saphirs, de rubis :
Au fond s'élève un trône où la perle et l'opale
Ornent un dais pompeux de pourpre orientale.

Mais ce qui pour Rigald alors valait bien mieux
Qu'un vain et faux brillant qui ne parle qu'aux yeux,
C'est l'attrayant aspect d'une table splendide
Où l'or chargé de mets s'élève en pyramide
Qui parfume les airs d'un baume savoureux.
La pêche, l'ananas, tous les fruits merveilleux
Que produisent l'Europe et l'Afrique et l'Asie
Au frais encens des fleurs mêlent leur ambroisie.

Rigald est ébloui. Ses erreurs du matin,
Ce féerique palais, ce somptueux festin,

Les grâces et l'accueil de son amphitryonne,
La royale splendeur, l'éclat qui l'environne,
Des instruments, des voix le suave concert,
C'est un rêve magique où son esprit se perd.

Laissons Rigald aux soius de son enchanteresse
Il est bien, croyez moi. D'ailleurs le temps nous presse
De quitter le banquet et le brillant palais,
Pour revoir nos Liégeois qui campent sous Fallais.

FIN DU CHANT QUATORZIÈME.

CHANT QUINZIÈME.

Argument. Les Liégeois campent sous Fallais. — Berlo établit une barriere autour du château. — Spontin et Richard de Fallais la forcent. — Combat. — Richard est tué par Berlo. Spontin gagne le Brabant.

Rigald en ce moment est à l'abri de peine :
Le vin qu'il boit vaut bien l'oublieuse fontaine.
Convenons, nous aussi, que nos plus heureux jours
Furent ceux où narguant le Sort et ses retours
Nous bûmes sans mémoire à la coupe où se noie
Le souvenir des maux, les vains souhaits de joie.

L'homme toujours désire et regrette toujours :
Jamais de ses pensers il ne règle le cours :
Le présent l'affadit; c'est le futur qu'il cherche :
Le plaisir, le bonheur n'est que dans la recherche.
L'oubli seul est un bien qui s'offre sans apprêts.
Le pauvre bûcheron le trouve en ses forêts :
Le poëte en ses vers, le peintre en sa peinture,
Le sage ami des champs dans la fraîche nature.
Le souvenir confus d'un bienfesant sommeil,
Image de l'oubli, fait jouir au réveil.
Et c'est-là le bonheur que cherche dans l'ivresse
Celui qui fuit les traits de la sombre tristesse.

La jeunesse a l'oubli dans son illusion :
Mais ce temps passe vite, et la réflexion

8*

Vient bientôt prendre place au banquet de la vie;
Et rire à quarante ans est presque une folie.
L'âge mûr, à son tour, nous offre ses plaisirs.
Bienheureux l'homme alors, exempt de vains désirs,
S'il laisse mollement couler à la dérive
Sa nef qui désormais, démâtée et craintive,
Entraînée au courant, vogue autour de l'écueil;
Et s'il ne va séduit par un stupide orgueil,
Imitant follement les rêves du jeune âge,
Pour affronter les flots, se briser au rivage.
C'est ainsi que Beaufort aveuglé par l'erreur,
A d'insensés dépits immola son bonheur.

———

Quand Berlo détrompé fit sonner la retraite,
Ses soldats—citoyens n'étaient point à la fête.
Ils connaissaient trop bien ce que la chanson dit :
Que trouver bon souper, bonne mine et bon lit,
Est fortune ineffable au terme du voyage.
En temps de paix, oui bien, car en guerre autre usage.
Mais des soldats d'emprunt sous le harnais guerrier
Ne font guère abandon des douceurs du foyer.
Comme on peut l'augurer, ce ne fut pas sans peine
Qu'ils durent se résoudre à gîter dans la plaine.

Berlo, de son côté, voyant s'évanouir
L'espoir de posséder Fallais sans coup férir,
En général prudent, frustré dans son attente,
Ne montre aucun dépit, et fait dresser sa tente.
Mais, nuit close, suivi de quelques chevaliers,
Il reconnaît les lieux, les chemins, les sentiers
Par où peut s'introduire un secours dans la place :
Il les fait occuper par des gens ont l'audace

Peuvent le rassurer jusques au point du jour.

L'Aurore, à peine éclose , annonçait son retour,
Que, creusant des fossés , fixant des pieux en terre,
Il ceignait le castel d'une forte barrière.
Réveillés par le bruit, et Spontin et Richard,
Hâtés , demi-vêtus accourent aux remparts.

[cière.
« Ha ! l'on veut, dit Spontin , nous mettre en souri-
» C'est bien. Gens à nourrir, rien dans la gibecière ;
» Ennemis au dehors, qui vont nous tracasser ;
» Ce n'est pas fête et noce , et l'on doit y penser.
» Ma foi , tenir ici dans l'état où nous sommes ,
» C'est folie, il nous faut des vivres et des hommes.
» Crois-moi : l'on voit d'ici le pays de Brabant.
» Y courir, chercher aide , est le soin d'un moment.
» Courage ! beau cousin ; avec un peu d'audace ,
» Nous aurons bon marché de cette populace
» Qui croit serrer son loup dans ce sot appareil.
» Laissons-les s'amuser. Au coucher du soleil
» Le gibier qu'ils pensaient clore dans son repaire,
» Leur en remontrera de plus d'une manière. »
Il dit. Richard approuve et goûte son projet.

Le soir même , à la brune, au signal du cornet,
Vingt braves chevaliers sautent ensemble en selle.
Le pont levis sans bruit baisse sous sa poutrelle :
La herse lentement remonte, et sur ses gonds
La porte roule , craque, et s'écarte par bonds.

Comme un torrent fougueux que l'obstacle fatigue
Heurte à coups répétés, fait sauter une digue ;
Le mur qui la soutient s'écroule avec fracas ,
Les pierres et les bois s'envolent en éclats :

Ainsi le flot bruyant de ces guerriers d'élite
S'élance du castel, fond et se précipite,
Frappant l'écho des cris : tue, tue! à moi Beaufort!
Le choc des fers se mêle aux menaces de mort :
Au loin, dans le vallon ces cris volent, bondissent.
Les Liégeois en sursaut se réveillent, frémissent.

Mais Berlo défiant se tenait en éveil.
Avec ses chevaliers rassemblés en conseil,
Il présageait dès lors cette attaque subite.
Tous, au premier signal du cor qui les excite
A voler au secours des gardes vigilants,
Armés, et préparés à tous les contre-temps,
Ils courent vers l'endroit où le bruit les appelle.

Mais déjà sous les coups la barrière chancelle.
Déjà Spontin, Fallais la franchissent d'un saut,
Se tournent sur la garde et lui livrent assaut.

Ainsi que le blé mûr tombe sous la faucille,
Ainsi sous le tranchant de leur fer qui pétille
Cèdent lances, hauberts et casques des guerriers;
Ainsi jonchent le sol et pieux et madriers.
Contre leur choc fougueux rien ne tient, ne résiste :
C'est l'essor du rocher qu'a lancé la baliste.
Mais Berlo vient changer la face du combat.

Trop bénévole Muse, ô toi qui fais état
De sourire aux rimeurs, ces cervelles blessées
Dont tu prends à crédit les plus folles pensées;
Si depuis six mille ans protégeant leurs travers,
Tu souffris par pitié leur encens et leurs vers,
Daigne encore sourire à ma lyre boiteuse;
Rends du timbre à ma voix qui, trop ambitieuse,

S'enroue à chaque instant, et brusque les échos
De chants mal assortis, de sons rudes et faux.
De nocturnes hauts faits on a peine à les croire :
Et si tu ne viens pas en révéler la gloire,
Chacun se méfiant de ma sincérité,
Voudra s'inscrire en faux contre la vérité.

Le premier qui tomba fut sire de Fontaine.
Ce bouillant chevalier courant à perdre haleine
Vers le fort dont il vit le pont—levis baissé,
A la porte touchait, quand un caillou lancé
Par un guerrier hesbain placé vers les gargouilles,
L'envoya du fossé saluer les grenouilles.

Potesta le suivait. Atteint d'un même coup,
Il culbuta de même, y tomba jusqu'au cou.
Mais, peu blessé, s'ouvrant un chemin dans la fange,
Il revint vers le bord, fait comme un mauvais ange.
Plus furieux qu'avant il retourne au combat
Et semble une sorcière arrivant du sabbat.

Berlo, de son côté, de sa puissante épée
Fait voler une tête. Aussitôt que coupée,
On vit courir après tous les garçons barbiers.
C'était celle de Straete. Il était des guerriers
Le plus fat amateur d'une ample chevelure
Qu'eut jamais de ce don enrichi la nature.
Sa toison blonde, à Liége, eut un si grand succès,
Qu'elle donna naissance aux premiers faux toupets.

Renesse avait un rhume, et levant sa rondache
Parait les coups de vent. Mais Berlo de sa hache
Sépare, abat le bras qui tombe avec l'écu.
Renesse tousse et crie et fait comme un perdu.

Berlo fond' sur Chestret ; presse Woot et Senseille :
Il fend le nez à l'un, coupe à l'autre une oreille ;
Et depuis le malheur de ces coups incongrus,
L'un fut nommé Nason, l'autre appelé Malchus.

Spontin, comme toujours empressé d'en découdre,
Au fort de la mêlée, ardent comme la foudre,
Frappait, tranchait, taillait, abattait, assommait :
Comme à l'aspect du tigre, à sa vue on fuyait.

Rolly, ce bon vivant, cet enfant de la joie
Fleuri comme un abbé, gros et gras comme une oie,
Dont la large poitrine et le ventre accompli
Remplissaient le haubert sans lui laisser un pli :
Rolly, pour le narguer, se place tout au centre.
Mais le fer de Spontin lui partage le ventre ;
Et le sang et le vin sortant de bon accord
Du meilleur des vivants firent un triste mort.
Son âme qui jamais de bon vin ne fut lasse
Aurait, en s'échappant, fui dans sa calebasse,
Où, de fortune, était encore un coup de vin :
Mais le fier coup l'avait unie à son destin.

Sélys, grand ennemi d'une folle bravade,
Voyant tomber ainsi son ancien camarade,
Sans se faire prier, tourne vite le dos.
Or, au bas de l'échine, au pliant du grand os,
(Endroit dont le nom propre est toujours un problème)
Sélys, depuis longtemps avait un aposthème
Qui résistait à l'art des plus grands médecins.
Mais l'épée effleurant l'échine jusqu'aux reins,
Alla donner de pointe à la place critique,
Creva l'abcès tenace, aux docteurs fit la nique.

Après cet heureux coup Spontin sans s'arrêter,
Pousse droit sur Matthys qui semblait hésiter;
Et d'un revers affreux tranchant ses carotides
Pour une bonne fois l'envoie aux invalides.

Jannée était sanguin : il devait confier
A chaque instant son bras au maître-es-arts, barbier.
Mais Spontin jusqu'aux os lui divisant la cuisse,
L'exempta pour longtemps de ce triste exercice.
Enfin, en un clin d'œil, Grady, Geswin, Waroux,
Goër, Borman, Cheratte expirent sous ses coups.

Sire Richard aussi, s'acharnant à l'ouvrage,
S'en donnait à cœur joie et fesait grand carnage.
Il avait, dès l'abord, assommé Fonbarré,
Edenté Donnéa, rendu manchot Dupré.
Puis, il priva des doigts le ménestrel la Barre
Et cassa sur son dos sa plaintive cithare;
Aveugla Rossius, qui prisait ses gros yeux
Plus que ceux de Junon, la belle aux yeux de bœufs;
A Charlier, l'inventeur des chausses à taillades,
Sillonna les mollets de deux estafilades :
Mais, au lieu d'un sang vif, son acier inhumain
N'en fit sortir que bourre et tresses de fin lin.

Rosen était chanteur. D'une voix délectable
Il soupirait les airs de moûtier et de table
Et se croyait au moins l'égal du rossignol.
Il fredonnait encore une ballade en sol,
Quand le fer meurtrier trancha net sa roulade.
Ce fut, on peut le dire, un coup bien regrettable,
Non qu'il eût grande crainte ou regret de mourir;
Mais il fallait, du moins, la lui laisser finir.

Vivier fut plus heureux. Grand feseur de pasquées,
Il en portait sur lui fraîchement fabriquées
Avec maintes chansons sur le sec et le vert
Qui dormaient dans son casque ou doublaient son
[haubert.
Fallais le reconnaît à sa moqueuse mine,
Et prétend l'envoyer chansonner Proserpine.
Il pousse en pointe, il perce et cuirasse et haubert.
Mais, servir Apollon à quelque chose sert :
Le fer fatal pénètre aux vêtements intimes,
Et le coup s'amortit sur un recueil de rimes.
Dès ce jour nul jaloux, après un tel bonheur,
Ne fit au chansonnier crime d'être rimeur.

Enfin les deux cousins fesaient un tel ravage,
Que les Liégeois troublés allaient perdre courage.
Berlo voit le combat sur le point de finir :
Au fort de la mêlée il vient le rétablir.

Il reconnaît Fallais, et d'une voix qui tonne :
« A moi ! traître, dit-il, toi dont la main félonne
» Osa tirer l'épée, au mépris des serments.
» Rends-toi, sinon tu meurs ! — Par ta gorge tu mens,
» Vilain, repart Fallais. Qu'oses-tu?... Moi ! me rendre.
» Oh ! mon fer est à toi : mais d'abord, viens le prendre :
» Moi-même... et c'est trop peu pour ta haute valeur. »
Il dit, et sur le comte il fond avec fureur.

Berlo ne l'attend pas ; pique des deux, s'élance ;
On voit en même temps s'entrecroiser la lance.
Fracassé par le choc le bois vole en éclats,
Et les coursiers bardés se heurtent, tombent bas :
Fallais, Berlo, tous deux mesurent la poussière :
Et sans le dur acier de leur forte visière,

Tous deux ils périssaient dès le premier assaut.

Mais Fallais vivement se dégage , et bientôt
Relevé le premier , il saisit son épée :
« Voilà , Berlo , dit–il , cette arme bien trempée
» Qu'exige avec orgueil ton ordre impérieux.
» Viens , apprends par ses coups qu'elle vaut bien tes
[vœux. »
Sans donner à Berlo le temps de se remettre ,
Il l'assaille aussitôt. Mais ce fier ton de maître
Piquant le comte au vif , réveille ses esprits.
Il se lève et répond par un air de mépris.
Soudain commence entre eux une horrible bataille.

Comme , en un jour d'assaut , une charge à mitraille
Tombe dans les vitraux d'un vaste monument ;
Le verre éclate , brille , et sur le pavement
Pétille , se répand en sonore ruine :
Ainsi , ces deux guerriers que le courroux domine
Des éclairs de leur glaive éblouissent les yeux ,
Font retentir les airs de leurs coups furieux.
La terre se rougit du sang de leurs blessures
Et se jonche autour d'eux des bris de leurs armures.

Ils combattent longtemps. Trop égaux en valeur ,
En adresse , en courage , en souplesse , en vigueur ,
Ils méditent en vain une mortelle atteinte :
L'ardeur cède au sang-froid , l'art repousse la feinte.
Leur bras lassé tombait , quand frappant au hasard ,
Fallais touche Berlo , partage son cuissard.
La forte armure cède à la pointe acérée :
De la cuisse jaillit une source pourprée.
Berlo frémit , bondit , et menace soudain
La tête de Fallais : mais glissant sur l'airain

Le coup tombe où le bras s'unit à l'épaulière,
Fend les chairs, tranche l'os, et le bras tombe à terre.

« Reuds-toi, Fallais, dit-il : » Mais la vive douleur
Exaspère Fallais, le livre à la fureur.
Il cherche à dégaîner du bras droit qui lui reste
Le poignard qu'un étui fixe à sa soubreveste.
Berlo le voit, s'irrite, et de rage bouillant
Fond sur lui, le terrasse, et lui perce le flanc.

Spontin voit son cousin périr. Quoique indomptable,
Il frémit, s'aperçoit du nombre qui l'accable.
C'est en vain que terrible, affrontant le trépas,
Il assomme, il détruit ce qui retient ses pas ;
Le réveil est au camp, la foule accourt, afflue ;
Et de ses chevaliers le nombre diminue.

Lors, d'une voix tonnante il les rallie : « A moi !
» A moi ! guerriers, dit-il ; laissons ce désarroi :
» A moi ! Brabant, Brabant ! « Au cri qui les rappelle
Tous se portent vers lui. Leur fer brille, étinçelle.
Ils s'ouvrent un chemin en frappant à grands coups.

Telle, et moins redoutable, une troupe de loups
Qu'une meute nombreuse assiége, suit, harcelle,
S'échappant, fait aux chiens sentir sa dent cruelle.

Les guerriers à Spontin ralliés, à l'instant
Le suivent au galop, volent vers le Brabant.

FIN DU CHANT QUINZIÈME.

CHANT SEIZIÈME.

ARGUMENT. D'Halloy échoue sous le castel de Beaufort. — Le comte de Beaufort va demander du secours au comte de Namur. — Les bons métiers de Namur, aux ordres de Dave, marchent contre Dinant. Conseil de guerre sous les murs du château. — On perce le mur pour s'introduire dans la place. Etrange résultat. — Dave est tué.

Triste et funeste effet de la faiblesse humaine !
L'envie au cœur de l'homme est innée, et la gêne
Que le bourreau dispose aux yeux du patient,
Ne tourmente pas plus son regard suppliant,
Que le bonheur d'autrui, que le destin prospère
Qui comble le prochain d'un bien-être éphémère,
N'oppresse le jaloux, ne torture son cœur.

Vivre exempt de désirs dans un calme flatteur;
Jouir, sans la chercher, de l'estime commune ;
Ce sont des biens plus doux que ceux de la fortune.
Mais, insensé qui croit pouvoir impunément
Être heureux, sans blesser les regards du méchant.
En vain l'aménité, la sage modestie
De leurs charmes riants orneraient son génie,
Les perfides clameurs voleront sur ses pas,
Et pour troubler sa paix sonneront les combats.

La mort seule met l'homme en état de paraître :
C'est, alors qu'il n'est plus, qu'il acquiert le droit d'être.

Rarement l'envieux au delà du tombeau
Des feux persécuteurs rallume le flambeau.
Mais, son rival éteint, il manque de mémoire,
Et tente pour lui-même une épineuse gloire.
Que bientôt il aura lieu de se repentir,
Quand atteignant au but qu'il voulait conquérir,
Le ciel se couvrira d'un rideau de nuages !
Il verra son triomphe à l'éclair des orages.
Adversaires partout, plus d'amis désormais,
Combats perpétuels et sans trève et sans paix.

Et ce n'est pas le pauvre et souffrant prolétaire
Qui, du sein des besoins qu'il ne peut satisfaire,
Ne verra pas sans peine un bonheur odieux :
Ce n'est pas l'étranger follement envieux
Qui, bassement chagrin d'un succès qui l'irrite
En troublera la paix, rabattra le mérite
Et de la calomnie aiguisera les traits :
Ceux qu'il appelle amis, qu'il combla de bienfaits,
Auxquels son cœur encor se voue et se confie,
Ceux-là s'enivreront des poisons de l'envie.
Et si, tombant enfin au choc de leurs fureurs,
Sa joie évanouie a fait place aux douleurs,
On les verra feignant d'accourir à son aide
Appliquer à sa plaie un farouche remède.
Ils sauront profiter de son accablement
Pour l'acccabler encore, et d'un faux sentiment
D'un trop juste intérêt pour lui-même et ses proches,
Colorer sans pudeur les plus cuisants reproches.

Artistes, qui tentez les glorieux hasards
Qui sur des jours obscurs font resplendir les arts,

Apprenez donc, avant d'entrer dans la carrière,
Ce que coûte au génie une illustre lumière,
Contre mille dégoûts sachez vous prémunir
Et sans soucis jaloux naître, croître et grandir.
Si les Beauforts, contents d'une illustre naissance,
Relevée à l'envi de gloire et de puissance,
Avaient pu supporter le bonheur d'un rival,
Ils n'eussent point subi les coups d'un sort fatal.

———

Nous laissâmes le camp en proie à la furie
Des démons de la faim et de la maladie
Qui de commun accord le mettaient aux abois.
Rigald, ensorcelé d'un frivole minois,
L'a quitté par l'attrait d'une douce imposture ;
Et Luxembourg encor souffrant de sa blessure,
A dû prendre à lui seul la conduite du camp.

L'assiégé délivré d'un danger menaçant,
Sans en scruter la cause, heureux d'être tranquille,
Employa tout son zèle à réparer la ville.
Puis, l'ouvrage avançant, vint l'idée aux Copers
De fêter le beau sexe en bals, festins, concerts.
Le jour fut au travail et la nuit tout aux fêtes.
Le camp put donc en paix essuyer ses tempêtes.
Car même les Liégeois, toujours gais chevaliers,
Se plurent à mêler le myrte à leurs lauriers ;
Et le Bailli d'ailleurs prolongeait son absence.

D'Halloy, chef prévoyant, estimait sa présence
Nécessaire en tous lieux où l'était la vigueur.
Il aspirait surtout du plus vif de son cœur
A surprendre Beaufort, à l'emporter d'emblée,
C'est pourquoi, dès l'instant qu'il quitta l'assemblée

Dont le choix lui donna Desprez pour lieutenaut,
Par des sentiers couverts en secret se glissant,
Il atteignit de Huy, nuit close, les murailles
Et dès l'aube tenta le destin des batailles.

C'est ainsi que Spontin, aux nuageux climats,
L'aperçut sous Beaufort livraut assauts, combats
En guerrier résolu qu'aucun danger n'étonne,
Et jusque sous les murs payant de sa personne,
Avant qu'il nous fût même avis de son départ.

Mais d'Halloy s'abusait. Ni la force, ni l'art
Ne pouvaient subjuguer cette aire d'aigle antique
Que couvrait de son charme un talisman magique :
Et Renier se flattait que sa seule valeur
Maîtrisait du Bailli l'impétueuse ardeur.

Cependant Luxembourg luttant contre l'orage,
Dépêchait à Beaufort message sur message ;
Du camp trop délaissé lui peignait les douleurs
Et de cet abandon présageait des malheurs.

Mais comment, surchargé de sa propre défense,
Renier aurait-il pu lui porter assistance ?
Un parti lui restait, c'était de requérir
Guy, comte de Namur, d'aller les secourir.

Il ne veut confier cet office à personne.
Il laisse le castel aux soins de Jean de Gosne,
Qui, fuyant son manoir détruit, incendié,
Dans celui de Beaufort s'était réfugié.
Par un long souterrain creusé dans la montagne
Il gagne les vallons de Sclayen, de Brumagne ;
Bref, arrive à Namur. Déjà le comte Guy
Aux frères révoltés préparait son appui.

L'intérêt fut son guide. Il armait sa frontière,
S'inféodant Beaufort, d'une forte barrière.

Dave enrôlait déjà les gens des bons métiers,
Fèvres et portefaix, tanneurs et couteliers;
Et déjà les Jojos au nombre de deux mille
Brûlaient de s'illustrer et d'illustrer leur ville.
Partout resplendissaient les costumes galants
Des héros de l'échasse, Avresses et Mélans :
Le bois de leur monture armé d'un fer de lance
De combats moins riants allait courir la chance.

Les Namurois d'alors, comme ceux d'à présent,
Enfants de la nature, étaient gens de pur sang
Dont le poli douteux sentait la république.
Leur austère franchise, au ton fier et rustique,
Leur inspirait l'horreur des dehors mensongers.
Au fard des tons flatteurs sciemment étrangers,
Ils n'estimaient rien tant qu'un ardent persiflage,
Et du fin calembour prisaient déjà l'usage,
Quand un gascon hâbleur crut l'avoir inventé.
Leurs rivaux prétendaient sans nulle vérité
Que Namur méritait le surnom de *la glotte*,
Et par une imposture injurieuse et sotte
Que son beau sexe avait un air trop éventé.
Les Namurois étaient pleins d'une probité
Qu'en négoce attestait leur caustique éloquence :
De plus, ardents amis, fidèles à l'outrance;
Braves guerriers surtout, exaltés, valeureux,
Qui, joints aux seuls Liégeois, combattant avec eux
Eussent pu contre tous défendre la Belgique.

Aux Namurois s'unit une troupe héroïque

De vaillants chevaliers de retour des lieux saints.
Dave, Croix, D'Huy, Marbais, Brias, d'Yves, Stalins,
Montpellier, d'Ahéré, Pouty, Biesme, Auterive
Précèdent les bourgeois. Ils vont longeant la rive
De la Sambre à Salzine, et traversant le gué
Arrivent à Malonne, endroit très-distingué
Moins par son abbaye ou par maint privilége,
Où par l'insigne honneur d'être au pays de Liége,
Que par certain dicton dont les termes de choix
Ont un goût de terroir de l'ancien namurois.
Vous sentez ce que c'est.... — Mais il me semble entendre
Un lecteur s'écrier : Où vont-ils donc se rendre ?
Le camp est au midi : vous prenez au couchant.

Un instant, cher ami : nous allons à Dinant :
Dans le conseil des chefs la chose est décidée.
Surprendre cette ville est une heureuse idée ;
Car, Dinant pris, Ciney meurt de sa belle mort.
Mais, sans tarder, suivons la marche du renfort,
Car il gagne déjà les forêts de Marlagne.

En effet, s'éloignant de la rase campagne,
Dans les sentiers boisés la troupe de Namur,
Pour couvrir ses desseins cherche un chemin plus sûr.
Elle arrive à Villers, quand la chaleur brûlante
Annonce de midi la halte bienfesante.

Mais on ne tarde guère : avec zèle on poursuit
Pour atteindre Dinant aux ombres de la nuit.
Ou dépasse allors Bioulx, Vieux-Montaigle, Rostenne
Les guerriers namurois harassés, hors d'haleine,
Marchaient avec effort dans les rudes sentiers.
Lorsque Bouvigne enfin se découvre à leurs pieds.

Sans que rien les trahisse ils entrent dans la ville.

Mais à minuit, à l'heure où l'univers tranquille
Se repose, et muet dans les bras du Sommeil
Plonge en un morne oubli les soucis de l'éveil,
Le signal est donné : l'armée en grand silence
Traverse à gué la Meuse et vers Leffe s'avance.

Or, c'était samedi. Notez qu'aux bons vieux temps
On était bons chrétiens autant qu'hommes vaillants.
On chômait les saints jours, même au fort des batailles :
Y manquer présageait malheurs et funérailles.
Les temps sont bien changés! Mais le siècle orgueilleux
Qui se passe du Ciel n'en est pas plus heureux.

Nos bons Dinantais donc, sur la foi de l'Église,
Se croyant à couvert d'alerte et de surprise,
Ronflaient de tout leur cœur, enfoncés dans leurs lits,
Et dans la paix du juste étaient ensevelis,
Dormant, comme l'on dit, sur l'une et l'autre oreille,
Quand de Leffe longeant le couvent qui sommeille,
Les Namurois sans bruit gravirent le coteau
Et vinrent se poster sous les murs du château.

Alors, par un effet de cette courtoisie
Que sait toujours montrer toute aristocratie
Soit noble, soit bourgeoise, en vertu du besoin,
A ce peuple qu'après on ne voit que de loin,
On appelle au conseil les chefs de bourgeoisie.

Pimpurniaux se lève : « Eh! jamais de ma vie
» Je ne vis commencer, dit-il, un siége ainsi.
» Nous sommes bien campés et campés, Dieu merci!

9

» Si nous avions, du moins, faute d'engins, d'échelles,

» Tous dans notre bissac, mis une paire d'ailes,

» Nous pourrions espérer de sauter là dedans.

» Mais que faire ici haut, sinon bayer aux vents?

   » Mon avis, dit Brabant, est que gens de courage

» N'ont point à reculer devant un grand ouvrage,

» Et qu'il vaut mieux mourir que confus retourner.

» N'ai-je pas mes brasseurs? Ils ont à nous donner

» Pour échelles leur dos, pour appui leurs épaules :

» D'ailleurs nos échassiers n'ont pas pour rien leurs

                                   [gaules.

» Ici, plus que jamais, c'est cas de s'en gaudir.

   » Moi, j'ai meilleur moyen, s'il plaît de s'en servir,

» Dit le vieux Laderrière en avançant la tête.

» Je connais le castel : il n'est trou ni retraite

» Où n'aie été cent fois dans mon jouvene temps.

» Je sais de quel côté les murs sont défaillants.

» Dix de mes couteliers, jouant de la ferraille,

» En une heure de temps y feront une entaille

» Qui le peut sans fracas mettre à notre merci :

» Mais qu'on soit, sans faillir, à nous au premier cri. »

   Il dit : tous d'applaudir. Sans perdre une minute,

Du côté de la ville où d'une pierre brute

Ecailleuse et chisteuse un vieux mur est formé,

Un groupe d'ouvriers de vieux couteaux armé

Du ciment épuisé font tomber l'assemblage.

Avec ses chevaliers Dave veille à l'ouvrage;

Et Beaufort d'autre part tient l'ordre dans le camp,

Attendant en silence et comptant chaque instant.

Déjà du vieux Tithon l'épouse aux doigts de rose
Ouvrait de l'orient la porte demi-clòse,
Et laissant grommeler son barbon de mari,
En chemise courait, comme dit Tassoni,
Laver au bord des mers ses petits pieds d'ivoire.
De l'or de ses cheveux la chatoyante moire
Peignait l'azur des airs de reflets lumineux :
Et le carmin brillant dont elle orne les cieux
Sur le cristal des eaux répétait son image :
Déjà, pour me servir d'un plus chrétien langage,
Les cloches dans les airs de leur son argentin
Annonçaient de concert l'office du matin,
Quand la muraille enfin de forces épuisée
N'offrit plus aux guerriers qu'une victoire aisée.

Le temps pressait alors. Les cloches redoublaient,
Les Dinantais hâtés de toutes parts sortaient,
Et les tirant sur eux fesaient claquer leurs portes.

Dave appelle aussitôt Beaufort et ses cohortes
Et veut lui déférer l'honneur du premier coup
Qui doit ouvrir le mur et mettre l'œuvre à bout.
Mais Beaufort le lui cède et refuse avec grâce.

Dave saisit l'épieu d'une main que l'audace
Affermit par l'espoir d'un succès éclatant.
Il frappe ; le mur cède, et l'air vif s'engouffrant
Dans les flancs ténébreux d'une caverne creuse,
Fait retentir deux fois sa voix tumultueuse :
Puis se tait. L'assaillant reste muet d'horreur.

Mais, un instant après, s'échappe avec fureur
Un torrent limoneux de souffre et de bitume
Qui se rue en sortant, mugit, bouillonne, écume ;

De l'étroite ouverture enlève, abat les flancs,
Entraîne dans son cours pierres et combattants,
Et, le long du rocher d'une course fébrile
Tombe, roule en grondant, et bondit dans la ville.

Tels, après l'ouragan, la Vesdre et le Hoyoux
Amoncèlent leurs flots, s'élancent en courroux,
Et dans les tristes lieux que leur torrent inonde
Portent maisons, forêts éparses sur leur onde.

Ainsi ce noir bourbier, fruit pestilentiel
D'un organe que l'homme autant reçut du ciel
Que les mains et les pieds, que le cœur et la bouche,
Entassé quarante ans, pressé couche par couche
Dans les sombres cachots d'un immense caveau,
S'avance menaçant en océan nouveau,
Chargé de chevaliers et de débris d'armures;
Envahit la grand'place, et de ses eaux impures
Emplit caves, maisons, talonne les bourgeois
Qui se courent devant lui consternés et sans voix.

Que de larmes coûta cette triste journée!
Qu'as-tu donc fait au Ciel, ô ville infortunée?
La ruine en tes murs se répand à pleins bords!
L'onde amère envahit tes plus rares trésors!
Ce miel délicieux, ces suaves épices,
Précieux éléments d'un gâteau de délices;
Ces cuivres de l'or pur rivaux étincelants
Sur une mer infecte, hélas! vont surnageants.
Ces rubans, ces pompons, ces fleurs, ces aumônières.
Objets d'ambition des jeunes condrosières,
Flétris, dénaturés, se perdent sans retour.
Que de maux, ô Dinant! Qui voudra dès ce jour,

Sans y croire odorer une saveur trompeuse,
Approcher de ses dents ta couque savoureuse.

Mais, que dis-je ? Bientôt le flot envahissant
Jusqu'aux degrés du temple accourt en mugissant.
Le fidèle éperdu craint que ce fleuve immonde
D'un déluge nouveau ne recouvre le monde.
Il crie à Dieu merci, croit ses jours terminés :
Et pourtant, en criant, il se bouche le nez.

Mais ces cris sont suivis d'autres cris que profère
Le guerrier dinantais étonné que la guerre,
Pour descendre en ses murs, use de tels moyens.
« Aux armes ! entend-on, aux armes, citoyens ! »
Et ce cri répété qui sème les alarmes,
Excite les bourgeois, les fait voler aux armes.

Dave et ses chevaliers, embourbés, étourdis,
En vain dans ce moment, reprennent leurs esprits.
Vainement ils voudraient vendre à grand prix leur vie ;
Du calice d'horreur ils épuisent la lie :
Et dans l'état affreux où le sort les réduit,
Chefs, chevaliers, soldats ; comme l'oiseau de nuit
Qui, surpris par le jour, fuit ses clartés ardentes
Et tombe sous le poids de ses ailes traînantes ;
Sans vengeance, rongés d'un impuissant courroux,
Sont atteints, accablés d'inévitables coups.

O Dave, tu péris, ô toi que d'heureux astres
Arrachèrent cent fois à de brillants désastres :
Tu meurs ; et ce n'est point sur un champ glorieux
Où ton glaive porta mille coups furieux
Que succombe à présent ton insigne vaillance.
Ah ! détournons les yeux. Son sang en abondance

Empourpre un fleuve impur qu'on n'oserait nommer.
Il fait, et tous enfin font pour s'en exhumer
Tout ce qu'au désespoir inspire la furie.
C'est en vain. Un vil peuple est maître de leur vie :
Et ceux que réclamait le trépas des héros
Périssent de la mort des timides agneaux.

FIN DU CHANT SEIZIÈME.

CHANT DIX-SEPTIÈME.

Argument. Moloch va trouver Satan. Celui-ci lui ordonne de délivrer
Rigald. — Vie de Rigald dans le séjour enchanté. — Moloch le
délivre. — L'hippodémon emporte Rigald en Palestine et le descend
auprès d'un hermitage. — Hermite qu'y trouve Rigald.

Mais le cruel Moloch , ce démon sanguinaire
Qui fait ses doux plaisirs des fureurs de la guerre ,
Moloch voit que le siége , en traînant en longueur,
Des guerriers ralentis va calmer la fureur.
Il vole vers satan : « Est-ce là , Sire et maître ,
» Ce que tu prétendais quand ta haine fit naître
» Ces troubles qui devaient peupler les sombres bords ?
» La guerre va cesser.... Et cependant tu dors !
» Tu dors , et par ta faute une paix fraternelle
» Va couronner ton front d'une honte éternelle.
» Es-tu Satan encore, ou bien un dieu de paix
» Qui sur un monde heureux épanche ses bienfaits ? »

Il dit ; ses yeux brûlants font comprendre le reste.

« Ennemi des humains , implacable et funeste ,
» Que n'effleura jamais aucun souci prudent :
» En tes haines profond , en tes désirs ardent ,
» Tu presses les effets sans calculer les causes.
» Arrachant les boutons pour détruire les roses ,
» Tu ne vois que le mal , pourvu qu'il soit certain ,
» Et, pour un gain plus prompt, risques un plus grand
[gain.

» Le temps a ses secrets. Grossissant le nuage,

» Lentement le ciel sombre amoncèle l'orage

» Qui couve la ruine et la foudre en son sein.

» Plus qu'à son art douteux le prudent médecin

» Se confie aux efforts de la vive nature.

» Accoise ta fureur. Ne me fais pas l'injure

» De me croire endormi d'un aveugle sommeil.

» Doux sera le repos, terrible le réveil.

» Moins pressé de jouir, vois d'un œil plus austère

» Cette foule de preux qui se porte à la guerre,

» Et qui, sans nul profit, pour cueillir des lauriers,

» Court moissonner des pleurs en quittant ses foyers.

» Mais non, le temps approche, où de ce triste drame

» Avec déchirement doit se rompre la trame.

» Ciney se flatte en vain : le sort va le livrer.

» Mais Rigald est captif : il faut le délivrer.

» Moloch, d'un chevalier prends la noble figure :

» Donne à l'hippodémon celle de la monture

» Que Rigald a laissée aux bords du Trou−de−Han.

» Va−t−en le défier, et romps le talisman

» De la source d'oubli, de rigueur et de haine,

» En le plongeant aux eaux de la douce fontaine.

» Compte sur mon secours et tu réussiras. »

Satan dit, et Moloch sortant avec fracas,
S'en va se relever du péché de paresse.

Rigald, dans les langueurs d'une riante ivresse,
Savourait les bienfaits d'un calme séducteur,
Et par l'oubli de tout jouissait de son cœur.

Peut−être, ami lecteur, qu'épris de son hôtesse,
Vous vous le figurez passant dans la tendresse

Des jours tout filés d'or et de soie et d'amour.
Détrompez-vous bientôt. Dans ce brillant séjour,
Où tout est pour Rigald calme, biens et liesse,
A la joie, au bonheur préside la sagesse.

N'espérez pas ici retrouver le tableau
D'une nouvelle Alcine et d'un Roger nouveau.
N'allez point, sur les pas d'une nouvelle Armide,
Dans un bocage frais, près d'un ruisseau limpide,
Pour surprendre un Renaud langoureux, abattu,
Immolant au plaisir sa gloire et sa vertu.
Point de soupirs ici, point de mol esclavage;
Point d'échos fatigués de l'amoureux langage;
Point de hêtre où l'on grave un chiffre entrelace
Qui garde aux temps futurs un amour trépassé.
Un lecteur, je le sais, souvent peu sage, exige
Qu'on chatouille ses sens par un tendre prestige :
A ce prix, on exalte et l'ouvrage et l'auteur.

Mais, las! qu'en puis-je, moi, si notre chroniqueur
Fait dans ses vrais récits, de notre enchanteresse
Autant que de beautés, un trésor de sagesse.
Les nymphes même, aussi, qui vivaient sous ses lois,
N'avaient point d'Eucharis, à l'attrayante voix;
Et, dans ces jours remplis de fêtes incessantes,
Toujours vives, toujours douces et prévenantes,
Tout au plus, sur Rigald, objet d'un pur accueil,
Osaient-elles risquer un petit coin de l'œil.

Pour Rigald, abreuvé des eaux de la fontaine
Qui glace les amours et guérit de leur peine;
Devenu philosophe exempt de vains désirs
En lui-même il trouvait de solides plaisirs.

9*

Attentif aux leçons de son aimable hôtesse,
Il polit de ses mœurs l'ignorante rudesse ;
Et de l'étude encor se frayant le chemin,
Il ravit ses secrets au savant parchemin.
Car il apprit à lire, et sa plume légère
Put des écrits bientôt tracer le caractère.
Mais ce ne fut pas tout : il calcula, chiffra,
Déclama, dessina, peignit et cœtera.
Que dis-je ? il fit des vers, des tensous, des sirventes,
Et, dans le vif élan de ses ardeurs savantes,
Il eût même abordé le latin et le grec.
Mais ce genre parut et monastique et sec ;
Et, comme aux présents jours, le gaulois, la musique.
Eurent la préférence avec la gymnastique.
C'est ainsi, que formé pour les camps, les combats,
Rigald sut solfier, battre des entrechats.

On dira : c'est bien froid. Pour un palais féerique
Cette vie orthodoxe est étrange, hérétique !

Je le sais. Mais enfin, les séjours enchantés.
Doivent-ils toujours être un lieu de voluptés
Où le héros s'endort aux bras de la Mollesse,
Jusqu'à ce qu'il s'éveille aux cris de la Sagesse ?
L'art magique n'est pas méchant comme on le croit.
Il n'abuse de rien ; s'arrête à ce qu'il doit :
Et retenir Rigald loin du champ de la guerre,
Est tout ce que prétend la huaille sorcière.

Ainsi donc, différent de ces fades héros
Qui de leurs tendres cris molestent les échos,
Rigald ne s'égarait dans les bois, les prairies
Que pour nourrir son cœur de graves rêveries.

Souvent il s'asseyait sur le bord de ces eaux
Dout la liqueur puissante assura son repos ;
Et, contemplant le cours des ondes fugitives,
Son âme s'exhalait en complaintes naïves
Sur la mortelle erreur des aveugles humains,
Qui, toujours mécontents d'eux-même et des destins,
Passent à désirer les beaux jours de leur vie
Et trébuchent au terme où tendait leur envie.

C'est enfin là, qu'un jour, à ses regards surpris,
Par delà le torrent de l'amour et des ris,
Parut un fier guerrier dont la noble monture
De son fringant coursier rappelle l'encolure.
Rigald pense rêver : cet aspect l'étourdit.
Car, dans ces lieux charmants, du jour qu'il suspendit
Son casque, sa cuirasse et son épée au chêne
Qui prêtait son ombrage à l'heureuse fontaine,
Tout penser martial s'enfuit de son esprit.
Et de brave guerrier il devint érudit.

Mais, du nouveau venu la voix tranchante et rude
Le tire de surprise et rompt l'incertitude.

« Eh ! que vois-je ? dit-il, sans bouger d'un seul pas.
» Quoi ! c'est bien là Rigald ! Il est plaisant le cas.
» Holà ! preux chevalier, ou plutôt, frère hermite,
» Tandis qu'à te chercher là-bas chacun s'agite,
» A quoi s'occupe ici ton courage brûlant ?
» Serait-ce bien Rigald qui, d'un air indolent
» S'applique à contempler des cailloux dans l'eau claire ?
» Ah ! je comprends : tu veux entrer en monastère.
» Clerc saint, moine savant, chantre sobre et pieux,
» Tu vas guider au ciel les nymphes de ces lieux.

» Digne emploi d'un guerrier au printemps de son âge !

» Je n'en suis point jaloux. Mais, du moins en partage,

» Tu vas me faire octroi de ce glaive innocent

» Qui pendille à ce tronc pour indiquer le vent.

» Car, en place de sang, ta main pure, érudite

» Ne répandra meshui que l'encre et l'eau bénite. »

Ainsi parle Moloch, et sur Rigald confus
Lance un regard railleur qui lui dit encor plus.
Rigald sent le dépit lui brûler le visage
Son cœur bat de courroux et repousse l'outrage.

« Tu mens, lui repart-il, insolent et félon.

» Quand m'a-t-on vu jamais, indigne de mon nom,

» Trembler dans les combats, fuir la sanglante arène?

» De tes cuisants mépris tu vas porter la peine.

» Et si pour l'avenir ce glaive est innocent,

» Il ne le sera pas aujourd'hui de ton sang. »

Il dit, et furieux, il saute sur ses armes.
D'un air froid et glacé qui brave les alarmes,
Le chevalier l'attend fixé sur l'autre bord.
Rigald fondant sur lui, malgré son vif transport,
Reconnaît son coursier. La fureur l'exaspère.
« Descends de ce cheval, larron, vil mercenaire. »
« — Prends-le » dit l'inconnu, quittant selle à l'instant
Et se mettant en garde au delà du torrent.

Rigald franchit les eaux, décharge son épée;
Et sans la forte armure aux flots d'enfer trempée,
Il eût du noir guerrier fait une double part.
Mais le malin démon, profite de l'écart
Que fait faire à Rigald sa bourrade stérile.
Il l'accule au torrent, et d'un choc rude, agile,

Lui donne un croc-en-jambe et le fait chanceler ;
Rigald glisse, perd pied, dans les flots va rouler.

Il avale à longs traits les eaux de la fontaine
Qui donne la tendresse et guérit de la haine.
A mesure qu'il boit, ô prodige étonnant !
Il reprend ses instincts. Au repos du savant
Il préfère la guerre et l'éclat du courage ;
Alice sur son cœur règne encor sans partage.

Mais, quand sortant des flots, il trouve son coursier
Délaissé sur le bord par son rival altier,
Il croit qu'il a voulu l'éviter par la fuite,
Et saute sans retard en selle à sa poursuite.

L'Hippodémon d'abord semble obéir au frein.
Il galoppe à longs traits, arpente le terrain :
Puis soudain il s'arrête au bout de sa carrière,
Presse un instant le sol de ses pieds de derrière
Et d'un rapide essor s'élance vers les cieux,
Planant et tournoyant en circuits spacieux.
Ainsi fait le pigeon qui, lâché de la cage
Dans un pays lointain, terme de son voyage,
D'abord d'un vol douteux s'échappe dans les airs,
Puis s'élève et domine et la terre et les mers.

Rigald surpris se voit emporté dans l'espace ;
Il nage dans l'éther. Toute sa jeune audace
Semble l'abandonner, quand égarant ses yeux,
Il voit sous lui la terre, autour de lui les cieux.
Alors, et par instinct, sa main serrant la bride,
Veut comprimer l'élan du coursier trop rapide.
Mais le coursier résiste en secouant le frein,
Et vole vers les lieux où l'aube du matin

Annonce le lever du roi de la lumière.

Sous les yeux de Rigald passe l'Europe entière.
Suspendu dans les airs, il découvre les flots
Qui baignent la Turquie et Rhodes et Paphos :
En peu d'instants il plane aux rives de Syrie

Le coursier ralentit, et vers les lieux qu'Elie,
Saint prophète, illustra de l'éclat de son nom,
Il abaisse son vol, glisse comme un rayon.

Non loin du mont Carmel, au fond de la vallée,
Où, de la peste atteinte et de maux désolée,
Une troupe française abandonnée au sort,
Trouva naguère encore une cruelle mort,
Sont des antres creusés dans la roche profonde.
Là, jadis, pour le ciel et méconnus du monde
Vivaient, priaient, veillaient des ermites pieux.
Là, se fixa le vol du coursier ténébreux.

Rigald se trouve auprès d'une grotte sauvage
Qu'un antique figuier de son épais feuillage
Défend contre les feux du soleil d'Orient.
Il voit, ceint de dattiers, un parterre riant
Qu'arrose de ses eaux une fontaine pure
Sortant des flancs du roc avec un doux murmure.
La pastèque, à ses bords, l'oranger, l'amandier
Croissent avec l'olive à l'ombre du palmier.
Aux fruits de l'Occident qu'apporta la croisade
Se mêlent le concombre et la vive grenade.
Dans un espace étroit se trouvent rassemblés
Les fruits de l'Orient, ses légumes, ses blés.

Rigald à la barrière attache sa monture.
Il marche vers la grotte, en franchit l'ouverture.

Il la trouve déserte. Un silence profond
Y règne. A son appel personne ne répond.
Quelques meubles de bois, une couche de paille,
La mousse pour tapis, le roc vif pour muraille,
Cilice, discipline et ceinture de fer,
Et maint autre instrument ennemi de la chair,
Voilà ce qui d'abord se présente à sa vue.

Mais, de l'obscur réduit mesurant l'étendue,
Il aperçoit au fond un passage secret
Qu'un jour pâle et douteux de plus loin éclairait.
Il s'avance, il repousse une porte tremblante.

Là, du creux de la voûte une clarté brillante
Jaillit sur les parois d'un antre souterrain.
Rigald hésite, est près de rebrousser chemin.
Il voit, et de terreur son âme en est saisie,
Le magique appareil des travaux d'alchimie.
Le charbon presque éteint fume encore aux fourneaux :
Aux creusets refroidis gisent divers métaux.
Ici, c'est l'alambic avec chape et cornue ;
Là, tous les instruments de la science ardue :
Tenailles et soufflets, lingotières, trépieds
Serpentins et siphons, pélicans et mortiers,
Grimoires, parchemins, matras, cloches de verre,
Squelette desséché, sablier funéraire :
Puis, d'extraits et de sels ample provision,
Grand amas de salpêtre avec souffre et charbon ;
L'ameublement enfin d'un vrai laboratoire
Où se pratique l'art de la cabale noire,

Rigald reste un moment stupéfait, confondu.
Pourtant il se rassure, en voyant suspendu

A l'un des flancs du roc de ce lieu de mystère
Le complet armement d'un chevalier en guerre.
Il s'approche dès lors. Le champ du bouclier
Etale à ses regards un blason singulier.
Sur ce champ de sinople, emblême d'espérance,
Jouet de la tempête, une vigne s'élance
Vers l'ormeau dont les vents viennent de l'arracher.
L'ormeau semble, à son tour, vers elle se pencher;
Et, perçant le nuage, un rayon tutélaire
Les réchauffe tous deux, les soutient, les éclaire :
Sur ce rayon propice en devise est écrit :
« Le sort les sépara, le ciel les réunit. »

Rigald reste pensif devant cette devise.
Il y voit les destins où sa vie est soumise,
Mais il n'espère point voir ses ennuis finir.

Cependant qu'absorbé, tout le fait réfléchir,
Il entend s'avancer un être à forme humaine
Que couvre tout entier un long manteau de laine :
Une barbe à longs flots s'épanche sur son sein.
Mais une douce voix d'un timbre féminin
Lui dit : « Salut mon frère ! » A cet accent céleste
Qui réveille Rigald, lui révélant le reste,
Il s'émeut, tressaillit : de vifs frémissements
Enivrent ses esprits, bouleversent ses sens.
Immobile, éperdu, muet, hors de lui-même,
Il ressent à la fois un bien, un mal suprême.
Il veut parler, sa voix se fixe à son palais :
Et lorsque tout sourit à ses vœux satisfaits,
Au comble du bonheur, il tremble, il balbutie,
Tout son sang vers le cœur s'élance avec sa vie :

Un nuage s'étend sur son œil ébloui,
Il chancelle, il succombe, il tombe évanoui.

Crois-moi ; ceci, lecteur, est véritable histoire :
Et lui, le pauvre enfant, ne s'en fait pas accroire.
Pourtant, ne craignons rien. Il sera secouru.
Cet hermite n'est pas un derviche bourru
Dont le cœur fuit l'aspect de l'humaine misère.
Il sera pour Rigald autant que sœur et mère.

Pendant qu'il lui prodigue eaux, sels, éthers, odeurs,
Allons voir au plus tôt ce qui se passe ailleurs ;
Car il me semble ouïr les trompettes guerrières
Réveiller du Condroz les vallons solitaires :
J'entends grincer le fer et hennir les coursiers :
Hâtons-nous d'y courir ; soyons-y des premiers.

FIN DU CHANT DIX-SEPTIÈME.

CHANT DIX-HUITIÈME.

ARGUMENT. D'Halloy revient à Ciney et voit les préparatifs d'une
sortie. — L'armée se divise en trois corps et s'avance contre le
camp. La populace de l'armée le met au pillage. — Les Beauforts
arrivent. — Les assiégés rentrent dans Ciney.

. . . .
. . . .

Mais laissons de ces vers la vaine apologie.
Vouloir par des raisons fronder la sombre envie
Ou détremper le fiel de l'obscur médisant,
C'est vouloir opposer une digue au torrent.
Plus que nous, l'assiégeant a besoin de défense
Car je vois que Ciney contre le camp s'avance.

———

D'Halloy pour emporter le castel des Beauforts
Epuisa son audace en d'impuissants efforts :
La chèvre aux cornes d'or défiait sa vaillance.

Il crut qu'enfin Ciney réclamait sa présence :
Car de vagues rumeurs qui vont en s'augmentant,
Annoncent que les chefs de Flandre et de Brabant
Arrivent à Fallais pressé par la famine,
Portant au sol liégeois la guerre et la ruine.
Ne pouvant faire face à de tels ennemis,
Burchard et ses bourgeois ont regagné pays ;
Berlo s'est replié sur les bords de la Meuse ;
Et là , réunissant sa troupe encor nombreuse

Aux valeureux Huitois combattant sous Beaufort,
Il va chercher à Liége un plus puissant renfort.

D'Halloy donc, excédé de l'âpre résistance
Qu'oppose le castel, à son impatience,
Dans ces bruits, ce départ trouve l'occasion
De se débarrassr de sa position.
Il laisse au sieur d'Envoz la conduite du siége
Et rentre dans Ciney par la porte de Liége.

Sur la place Monseur, aux combats appelés,
Il trouve en arrivant les guerriers rassemblés.
On passait la revue. A leur mine fleurie
Où le bonheur est peint, la joie épanouie,
Il voit que les plaisirs d'un gracieux repos
Ont souvent partagé les belliqueux travaux.
La troupe à son aspect fait résonner sa lance :
Et, pour marque d'honneur, de haute déférence,
Les chefs sortent des rangs, et les preux chevaliers
De leurs glaives, trois fois, frappent leurs boucliers.

Desprez s'avance alors; dans un récit fidèle
Dit au Bailli comment la disette cruelle,
La fièvre ont décimé les rangs des ennemis :
Comment depuis trois jours, à la faveur des nuits,
Les vivres dans le camp passent en abondance
Et présagent des chefs la prochaine présence.
« Si jusqu'ici, dit-il, un trop oisif repos
» Semble avoir retenu le bras de ces héros,
» C'est qu'il fallait d'abord relever nos murailles :
» Mais, dès ce jour, rendus à l'ardeur des batailles,
» Ils brûlent de montrer que, par ce long loisir,
» Leur valeur s'est acorue, au lieu de s'attiédir. »

« Sire, repart d'Halloy, qu'elle soit accomplie,
» Bien qu'il soit un peu tard, cette louable envie.
» Je vois dans cette ardeur un gage de succès.
» Mais détruire le camp est celui des projets
r Dont vous devez le plus presser la réussite.
» Les Beauforts sont en marche. Une attaque subite
» Vous livrera le camp et ses provisions,
» Et l'ennemi, trompé dans ses prévisions,
» Après les longs ennuis d'un pénible voyage,
» Se trouvant sans abri, faillira de courage. »

Il dit. Avec Desprez il parcourt tous les rangs :
Les portes sans tarder, s'ouvrent aux combattants.

Hors des remparts l'armée en trois corps se partage.
Raes Desprez est au centre. Il a pour apanage
De commander le corps des chevaliers liégeois
Auxquels se sont unis quelques vaillants bourgeois
Qui, prenant sous Fallais des goûts plus militaires
De soldats enrôlés devinrent volontaires.

Qui pourrait dénombrer tous ces preux chevaliers
Que leur nom seul appelle à des exploits guerriers :
Hornes, Geloes, Horrion, Berlaymont, Warfusée,
Aynechon, du Jardin, Streel, Résimont, Rosée,
Libert, Crassier, Moffaert, Rickman, Rickel, Rahier,
Stockem, Thier, Favereau, Floen, Ausembourg, Car-
                                          [tier,
Damoiseau, Vien, Calwaert, Weyer, Montfort, Ter-
                                          [wagne,
Glimes, Fabri, Le Beau, Xheneumont, Villenfagne,
Clerx, Mélotte, Fisen, Theux, Roberti, Copis,
Sauvage, Pierrepont, Surlet, Hamale et Thys,
Et cent autres encor dont l'infidèle histoire
A pris soin d'effacer et les noms et la gloire.

A droite est Dammartin. Là brillent les Copers.
Mais à ces fiers héros, de crainte de revers,
On a joint de Ciney la troupe plus prudente.
Jacqueline y paraît toujours belle et vaillante
Avec Sans–Peur, toujours plus galant dameret
Qui n'a de cœur ni d'yeux que pour ce cher objet.
Puis Modave et Dinon, Hannecart le chanoine;
L'archimède du lieu, le fameux Roch–Antoine;
Ansiaux l'artiste en faux, le peintre La Gardel,
Et Ruart le potier et l'armurier Caël
Bouchat le bon guerrier, Schlegel l'apothicaire,
Et le brasseur Mahoux, et l'abbé Loukélaire,
Et Hauzeur l'oiseleur, et Vincent le barbier
Et le scribe Burton, et Renard le geolier:
Enfin quiconque peut se parer d'une armure
Pour courir au pillage ou chercher aventure.

La gauche s'assortit d'Ardennais de bon choix:
Bouillonais, Bastognards, Saint–Hubertois, Marchois,
Petits de taille et grands de force et de courage,
Loups affamés à table et démons au carnage.
Ils ont pour commandant Jehan de Berlaymont
Avec Viron, Waha, Bonhome et d'Oultremont.

Cependant tout au camp était calme et tranquille.
C'était, ce semblait-il, une seconde ville
Qui, sans rien demander, ni craindre de sa sœur,
Partageait sans traités sa terre et son bonheur.
Telle des Cinaciens fut alors l'incurie,
Qu'ils firent peu d'état de l'âpre pénurie
Et des malheurs affreux qui désolaient le camp.
Heureux siècle, où le cœur passait en un instant

De l'ardeur de la guerre aux plaisirs de la vie,
Dédaignant le talent du déloyal génie
Qui s'aide de détours au succès des combats !

Bref, l'assiégeant alors ne les attendait pas :
Car d'un éclat subit, d'un réveil de courage
Rien alors ne pouvait lui donner le présage.
Les Beauforts arrivaient. C'était depuis trois jours
L'objet de son attente et de tous ses discours,
Bien qu'il n'y vit alors aucune extrême urgence.
Seulement Luxembourg, sentant l'insuffisance
Où se trouvait le camp contre un plus grand danger,
Réclamait un secours qui pût le protéger.

Surpris d'entendre au loin le son de la trompette
Qui ne résonnait plus que dans les jours de fête,
Instruit que l'ennemi s'étendant dans les champs,
Vise à l'envelopper, il fait prendre les rangs ;
Et sans tenter le sort d'une vaine défense
Que condamne l'espoir d'une prompte assistance,
Il cède et se replie au château de Chaltin
Protégé par des murs entourés d'un ravin.

L'assiégé s'aperçoit à peine de sa fuite.
Mais arrivant au camp, il voit la longue suite
Des guerriers des Beauforts qui gravissent les monts,
Qui dominent Hamoy, Chaltin et leurs vallons.
                                        pète !
Aux cris de Saint Lambert ! Saints Materne et Per-
Et de tous les patrons dont chacun fait la fête,
Chevaliers, écuyers, damoiseaux, lignagers,
Fouettant, éperonnant leur bête aux pieds légers,
Fondent tous à la fois vers les prés de Fontaine,
Traversent au galop marais, forêts et plaine ;

S'excitent tous ensemble, à grand bruit, à grands cris,
Relancent l'assiégeant pour le vaincre à tout prix.

Mais le menu soldat, varlets, pillards, canaille,
Laissant à ses Seigneurs l'honneur de la bataille,
Ne pense qu'au butin, se répand dans le camp,
Sur les chariots chargés se jette incontinent.

Ce fut enchantement, chose miraculeuse
De voir en un instant chaque machine creuse
Jusqu'au fond balayée avec un soin parfait
Et comme l'assiégeant pour lui-même l'eût fait.
Vous eussiez vu rouler tous les tonneaux de bière,
Et les sacs de farine au loin blanchir la terre;
Là, cliqueter les pois, et là sauter les choux,
Là couler le sirop, là tomber le saindoux,
Enfin un amalgame, un pêle-mêle étrange,
Tel qu'un docteur prescrit en forme de mélange,

Pourtant, selon ses goûts, chacun fixe son choix.
L'un entame un jambon, l'autre croque des noix;
Celui-ci tient aux dents une longue saucisse,
L'autre suce à loisir une rouge écrevisse;
Qui choisit le mouton, qui préfère le veau;
Qui la bière en flacons, qui le vin en tonneau.

Mais les mieux avisés dédaignant la sottise,
Désertent les autels du dieu de gourmandise,
Pénètrent sous la tente, et de leurs ennemis
Avec un soin pieux réparent les oublis.
Ils mettent à l'abri de tout nouveau pillage
Dans leurs poches, s'entend (c'était un vieil usage)
Les bijoux, l'or, l'argent, monnayé soit ou non;
Et portent sur ce point si loin l'attention,

Qu'ils brisent les coffrets, écrasent la vaisselle,
Ne laissent nul objet sans trace de leur zèle.

Mais au fort de la fête, et quand tout est en train,
Voilà qu'un grand fracas s'entend dans le lointain.
C'est un bruit de coursiers qui galoppent, hennissent,
C'est le son des clairons qui de loin retentissent ;
C'est ensuite un courrier qui vient au grand galop.
Criant que les Beauforts arriveront tantôt :
Qu'ils marchent sur Chaltin, passent Barsifontaine
Et d'un autre côté débouchent sur Achêne.

Qui dépeindra l'effroi, la panique terreur
Qui saisit au collet tout ce monde voleur ?
Car, livré sans réserve aux douceurs du pillage,
Il avait à l'extrême outré son avantage.
Les feux de tous côtés flamboyaient, pétillaient :
Mais n'allez pas penser que les tentes brûlaient.
Non, non : tentes, remblais, fossés, ces bonnes âmes
Les avaient préservés des pioches et des flammes.

La cause de ces feux était, que dégoûtés
De manger viande sèche, ils fesaient des pâtés.
On ne flairait bien loin que parfum de grillades
Que l'on assaisonnait de joyeuses rasades.
La poêle incessamment sur le feu frétillait,
Et vide de nouveau, de nouveau se chargeait.
C'était fête, en un mot, et dicace complète.
Mais au sinistre avis qui mit fin à la fête,
Ce fut tout autre affaire. Il fallait voir l'effroi
La comique terreur, le mortel désarroi
De ces vaillants guerriers, chevaliers de la table,
S'échappant en jurant et leur dieu et leur diable

Courant à travers tout , et partout trébuchant,
Jouant des pieds, des poings, s'éborgnant, s'accrochant,
Et , trop tardifs au gré de leurs vives alarmes,
Pour être trop pressés , ne trouvant plus leurs armes.

Combien croyant saisir leur arc , leur esponton,
Se virent dans la main, plus tard, l'os d'un jambon !
Combien au lieu d'écu s'armèrent d'une poêle !
Combien au lieu d'armet s'ornèrent d'une écuelle !

Mais là ne finit pas ce noir tour du destin.
Ils fuyaient en désordre , encombrant le chemin,
Quand les preux chevaliers courant à toute bride,
Arrivèrent au camp dont cette tourbe avide
Fit , loin de le détruire , un confortable hôtel.

A l'aspect des débris du banquet solennel,
Furieux de trouver, au lieu d'un incendie,
Des feux prêts à fournir aux Beauforts chère-lie,
Ils tombent sur ces gueux à grand bras raccourci,
Déchargent leur courroux, sans aucune merci,
A coups de plat d'épée, à coups de bois de lance ;
Sous les pieds des coursiers les foulent sans clémence.

Enfin , tout à Ciney rentre en confusion ;
Et la herse retombe alors que le clairon,
Le tambour, le cornet , la trompe et la cymbale
Annoncent des Beauforts l'approche triomphale.

FIN DU CHANT DIX-HUITIÈME.

10

CHANT DIX-NEUVIÈME.

ARGUMENT. Les sorcières tentent un dernier effort en faveur de
Ciney. — Sabbat. — On y forme trois sorts invincibles.

Qu'il est doux, chers amis, pour un esprit bien fait
D'avoir reçu du Ciel d'où vient tout don parfait,
Le glorieux emploi de chanter sa patrie
Et d'en faire en ses chants un digne objet d'envie !

Ce fut, ô Camoëns! ton destin fortuné.
Heureux, cent fois heureux, tu fus prédestiné
A graver au burin que trempa ton génie
L'histoire et les exploits de ta Lusitanie.
Lusitanie ingrate! Elle te méconnut :
Et grâce à tes beaux vers, elle se survécut.
De ses riches trésors, de tant de renommée,
Que lui demeure-t-il? Souvenir et fumée.
Et sans les vifs regrets qu'éveillent dans nos cœurs,
En relisant tes chants, ses antiques splendeurs,
Elle ne serait plus qu'une terre flétrie,
Déchirée au-dedans, au-dehors asservie.

O Liége, ô mon pays! si, né pour le repos,
Ami de l'indolence, ennemi des travaux,
N'ayant pour mes talents que médiocre estime,
Et pour prôner ta gloire avide du sublime,

Je passai tant de nuits soumis à ce vouloir,
Avec bonheur parfois, plus souvent sans espoir;
Je n'eus point pour appât une vaine richesse,
Ce vil but d'intérêt, où vole avec ivresse
Dans notre siècle d'or tout génie excellent.
Non. Eussé-je reçu leur insigne talent,
Je n'irais point, flétri, déshonorant la lyre,
Singer, à tant la ligne, un factice délire.
L'âme qui vit en moi croit l'immortalité;
Elle veut vivre encore après avoir été :
Et le cœur qu'elle meut ne voit dans cette vie
Après Dieu qu'un seul bien, l'amour de la patrie.

O Liége ! puisses-tu dans le siècle à venir
De celui qui te chante encor te souvenir !
Que sa muse à ses vœux, et propice et fidèle,
L'exalte et le soutienne à l'égal de son zèle,
Afin que Liége un jour approuvant ses écrits,
Fasse inscrire à sa tombe : « Il aima son pays. »

———

Elles l'aimaient aussi leur pays ces sorcières
Qui, pour leur cher Condroz, épuisaient leurs lumières
A prévenir les coups qu'armé par le Discord
Sans cesse lui portait l'impitoyable Sort.

Elles ont pu livrer Rigald au labyrinthe,
Tenir le camp pressé dans une horrible étreinte :
Mais voilà, dès ce jour, leur dessein avorté.
Les Beauforts sont au camp : Rigald en liberté
Fuit leur séjour trompeur, à l'abri du mystère.
Et ce secret profond ne les rassure guère;
Car il est pour ce siècle en leur grimoire écrit,
Qu'on doit vers ce temps-là trouver engin maudit

Qui des plus valeureux défira la vaillance
Et des plus forts remparts foudroira la puissance.
« Triste Ciney, s'il faut contempler de nos yeux
» Tes murs croulants, tes toits dévorés par les feux,
» Périsent tout d'un coup nos sciences divines,
» Et nous-même en ce jour mourons sous tes ruines. »

Ainsi se lamentaient, l'esprit sombre, abattu,
Les doctes sœurs en l'art de l'occulte vertu.
Leur gloire s'éclipsait. De loin paraissait luire.
L'astre qui présageait la fin de leur empire.

Mais Vorx les ranimant. « Quoi! dit-elle, est-ce ainsi
» Que nous conserverons la puissance qu'ici
» Nous reconnut toujours un peuple débonnaire?
» Lorsque, le front courbé, bourgeois, hommes de guerre
» Tremblent devant notre art, craignent notre pouvoir,
» D'où viennent ces soucis, ce fatal désespoir?
» Ah! c'est surtout aux jours d'un destin peu prospère
» Qu'il convient d'opposer à fortune contraire
» Un cœur de bronze, une âme, une tête de fer :
» Sinon, préparons-nous à ce regret amer
» Qu'engendre pour jamais la pensée importune,
» D'avoir à son escient fait sa propre infortune.
» Car ce Poilvache aimé, notre puissant séjour,
» Ciney détruit, sera compromis à son tour.
» Ah! plutôt, appelons à notre aide le zèle
» De nos consœurs de Han, de Lonzée et Jumelle :
» Forgeons toutes ensemble un invincible sort
» Qui brave les destins, la ruine et la mort. »

Elle dit, et Barbrac sa courrière fidèle
Détache sans tarder sa chèvre, et saute en selle.

Elle rôde partout presque en un même instant :
Fouille grottes, rochers de Maestricht à Dinant.
Dès son départ, à peine une heure est écoulée,
Que déjà l'on arrive à la noire assemblée.

Les lutous ardennais, les sotais de Verviers,
Le vertbouc de Rolduc avec ses cavaliers,
La bête de Staneux, la gatte d'or de Logne,
Tout le monde sorcier s'est mis à la besogne.
L'air obscurci déjà par les ombres du soir
S'assombrit tout à coup, s'épaissit, devient noir,
Quand la troupe magique, empressée et serrée
S'allonge entre la terre et la voûte azurée.

Ainsi, quand au désert, poussé par l'aquilon,
De sauterelles passe un épais tourbillon,
Le jour s'éteint, voilé comme par un nuage :
Le voyageur surpris frissonne, craint l'orage.

Ces êtres décharnés, à faces de démons,
A peine revêtus de dégoûtants haillons,
Les yeux creux et hagards, la mâchoire pendante,
Le nez en éteignoir, la mamelle traînante,
Au tronc court, aux bras longs, squelettes ambulants
Faits pour épouvanter les morts et les vivants,
Sur un manche à balai dans les airs caracolent,
Voltigent à l'envi, folâtrent, batifolent,
Imitant d'ici-bas les aimables lutins
Qui, cavaliers adroits sans être aériens,
Enlacent les regards à leur course hardie
Et font de leur adresse une douce magie.

L'infernal escadron sur Poilvache d'un trait
Fond de tous les côtés, s'abat dans la forêt,

Au lieu même où déjà nous vîmes les sorcières
Offrir à Vitecourt vin et danses légères.

Au fond d'une clairière, en un tertre élevé,
Se dresse sous un houx, au démon réservé
Un trône. Belzébuth chef de la gent sorcière
Va venir en ce jour y tenir cour plénière.
On l'attend en silence, et les yeux curieux
Pour le voir arriver vont de la terre aux cieux.
Mais Belzébuth, seigneur d'une haute importance,
Tarde pour exciter un peu d'impatience.

Cependant au milieu de ce sacré pourpris
Brûle un foyer ardent sur lequel on a mis
Un grand vase d'airain où bout, s'agite, écume
Un mélange luisant de graisse et de bitume.
Un nuage pesant se roule dans les airs
Et répand dans ces lieux le parfum des enfers.

Enfin, tant attendu, lord Belzébuth arrive.
Cent démons, fronts cornus, mine rebarbative,
Queue où l'on sait, yeux tords, pleins de méchanceté,
Le suivent à grand bruit d'un pas précipité.

Lors, il tourne le dos selon l'antique usage :
Et chacune et chacun va, pour lui rendre hommage,
Marchant à reculons, un falot à la main,
Lui baiser un endroit qu'on ne dit qu'en latin.
En latin (notez-le) car le français pudique
N'a point, vous le savez, d'expression cynique.
On peut risquer parfois quelques détails charmants;
Mais les mots!... ô pudeur! ô pudiques romans!

L'usage étant suivi, l'étiquette observée,
Sans discours d'apparat, Belzébuth, main levée,

Fait signe qu'on procède à l'opération.

Une scène de trouble et de confusion
Succède à ce signal. Démons, lutins, satyres,
Sorcières, nécromants, faunes, boucs et vampires,
Et tout ce que l'enfer peut rejeter d'affreux
Se livrent à la fois à leurs horribles jeux.
Puis un second signal les invite au silence :
Puis un troisième enfin leur ordonne la danse
Pendant laquelle on doit forger le talisman.

Belzébuth tient alors d'une main le Coran,
De l'autre fait vibrer sa baguette d'ivoire.
Deux sorcières chantant des termes de grimoire,
Dans le vase qui bout mêlent l'ingrédient
Que chaque personnage y vient mettre en dansant.
Après le temps prescrit de danse et de mélange,
Belzébuth se levant fait signe qu'on se range,
Puis récite un verset du prophète imposteur.

Dans le vase enchanté la brûlante liqueur
Alors à gros bouillons, tempête, tourbillonne,
S'épanche sur le feu qui s'élance en colonne.
Une fumée immense obscurcit l'horizon,
Semblable à cette nuit qui punit Pharaon
De ses cruels délais, de ses refus coupables
Par des ombres de plomb, des ténèbres palpables.

La vapeur lentement disparaît, tombe enfin.
Aux yeux surpris paraît un globe de fin lin
Qui balance, s'étend vers la céleste plaine.
Belzébuth le retient, le fixe sur l'arène.
Puis, il appelle Vorx, l'entretient en secret,
Lui donne ses avis, l'instruit de son projet.

Cependant , au signal , deux démons vont reprendre
Le grand vase d'airain délaissé dans la cendre.
Ils ratissent le fond à bras et cou tendu ,
Sur un trépied de fer versent le résidu.
Ce restant , Belzébuth allongeant sa baguette ,
Le touche , et Vorx en fait une triple boulette.
La danse recommence , et sorciers et démons
Font autour du trépied des voltiges , des ronds ,
Et tout ce que prescrit la science sorcière.
Mais en finale fin , formalité dernière ,
Sur ces boules chacun vient souffler de son mieux
Pour parfaire , accomplir le sort mystérieux.
Puis trois sorcières vont en grande révérence ,
A pas graves et lents , dans un profond silence ,
Portant le triple sort sur un plateau d'airain ,
En faire hommage lige à leur haut suzerain.

Lui , leur tourne le dos comme à son ordinaire.
Il ouvre ses poumons, aspire un vent polaire :
Et pour douer ces sorts de suprêmes vertus ,
Tient son ventre à deux mains , presse , pète dessus.

A ce vent furieux qui fait perdre l'haleine
A toute l'assemblée , et que le frère Etienne
Malgré tout n'imita depuis que faiblement ,
Les nuages pressés volent au firmament :
Ce fracas fait trembler , mugir au loin la terre ;
L'écho roule , bondit comme au bruit du tonnerre :
Et depuis on comprend Horace et son latin ,
Quand il ose affirmer qu'il tonne en ciel serein.

Pardonne , cher lecteur , si ma muse légère
Dut traiter un sujet d'un goût si peu sévère.

Maître Hincmart, mon modèle, était homme de bien :
Il l'a fait ; je ne puis m'en écarter en rien.
Un sabbat à dépeindre est chose bien ingrate :
Et pour ne point blesser d'oreille délicate,
En suivant son récit, j'ai fait ce que j'ai pu
Pour gazer et voiler ce qu'il disait tout cru.

Quand reviendront encor les bons temps d'innocence
Où l'on ne craignait point la sotte suffisance
De ces scrupules feints, de ce bruyant courroux
Dont le zèle affecté n'est qu'un transport jaloux !

Pour toi, bénin lecteur, dont l'esprit doux, traitable
N'admet d'autre courroux qu'un courroux raisonnable,
Un peu de vent jamais n'en sera le sujet,
Et tu ne voudras pas te fâcher pour un pet.

Maintenant, chers amis, vous désirez connaître
Le secret de ces sorts d'où dépend le bien-être
De ce Ciney qui fait l'objet de nos travaux.
Pour répondre à vos vœux il ne faut que deux mots ;
Et certes, je les dois à votre impatience :
Elle mérite bien ma juste déférence.
Mais ma voix s'affaiblit, ma lyre se détend :
Je m'arrête. Daignez me suivre à l'autre chant.

FIN DU CHANT DIX—NEUVIÈME.

10*

CHANT VINGTIÈME.

Argument. Nouvelles alarmantes à Liége. — d'Halloy demande du secours au prince. — Jean d'Enghien envoie Forvie à Ciney et un ambassadeur au roi de France. — Forvie arrive auprès de Ciney. Le ballon l'y introduit avec les autres chefs et des vivres. — L'hippodémon amène Rigald au camp avec le guerrier inconnu.

Amis, à l'autre chant vous voulûtes connaître
Quel était cet objet qui venait d'apparaître,
Ce globe de fin lin, et quel était son nom!
Et vous rirez peut-être..... Eh! bien, c'est un ballon.
　　　　　　　　　　　　　　　　　　　　[sommes,
　　Eh! mais; ne rions pas. Dans le siècle où nous
On se croit les premiers et les derniers des hommes:
Les derniers, comme si tout était inventé,
Les premiers, comme si rien ne l'avait été,
Et qu'enfin après nous l'on dût tirer l'échelle.

　　Si la thèse était juste, ah! qu'elle serait belle!
Car quel honneur pour nous d'être plus par l'esprit
Que tout ce qui précède et tout ce qui nous suit!

　　Mais gardons d'entonner trop tôt nos chants de gloire.
Aux siècles reculés où se cache l'histoire,
Sommes-nous bien certains qu'il n'ait rien existé
Qui pût jeter le gant à la postérité?
Qu'on dise par quel art dans des sables arides
A roulé le granit des lourdes pyramides?

Qui tailla le rocher pour en faire des sphinx;
Qui, pour les esquisser eut l'œil puissant du lynx?

Ah! combien, pauvre humain, tu montres ta faiblesse,
Quand sur ton siècle seul ta vanité se dresse!
Croyons-en Salomon, ce sage sans pareil,
» Il n'est rien de nouveau, dit-il, sous le soleil. »
Vapeur, chemins de fer, tout naît, brille, s'efface;
Puis renaît, brille encore, ensuite tombe et passe.
Le siècle qui suivra, plus parfait de moitié,
Du nôtre méconnu peut-être aura pitié.
Ainsi le fils se croit plus sage que son père.

Et cependant ce siècle aura-t-il son Homère,
Ou devra-t-il encore, en toute humilité,
Vénérer comme nous l'auguste antiquité?
De ces arts tant vantés, des œuvres de génie
Que demeurera-t-il, si l'âpre barbarie
Du Nord sur le Midi se ruant de nouveau
Sur notre sol vieilli vient passer le niveau?

Car, telle est la leçon de l'inflexible histoire:
Quand un empire arrive au faîte de sa gloire,
On voit l'orgueil et l'or sourdement le miner;
Son propre poids l'affaisse et le fait décliner.
Ainsi ces vieilles tours au temps abandonnées
Résistent aux frimats pendant longues années:
Mais au jour où le fer bat leurs murs appauvris,
L'édifice s'écroule et se change en débris.

Non pas que je prétende, ennuyeux Héraclite,
A ce siècle brillant dénier tout mérite:
Ainsi que ses travers chaque temps a son bien;
C'est inventer un art que retrouver l'ancien.

Mais que l'homme orgueilleux de sa vaine science,
Semble opposer au Ciel sa propre suffisance,
Comme si le temps seul, mûrissant l'être humain,
Le formait, l'éclairait sans l'Etre souverain;
Qu'ange dégénéré, ver rampant sur la terre,
Il ne veuille rien croire au-delà de sa sphère,
Qu'esclave vil du luxe et de l'iniquité,
Il renonce au bienfait de l'immortalité;
Voilà pour notre siècle un étrange mécompte
Qui lui vaudra plus tard un stygmate de honte.....

———

Mais pendant que je parle, en un ciel radieux
Flottant et balançant, attirant tous les yeux,
S'élance le ballon sujet de cette thèse.
Je vais ailleurs, amis : regardez-le à votre aise.

A Liége la Discorde, en voyant ses progrès,
Triomphe et s'applaudit de ses cruels succès.
D'accord avec sa sœur la prompte Renommée,
Se jouant des terreurs de la ville alarmée,
Elle répand le bruit que le duc de Brabant
Attiré par Spontin aux plaines de Warnant,
A pris Meffe et pillé sa fertile campagne,
Et qu'ensuite, passant les eaux de la Méhagne,
Il a gagné Fallais, délogé les Liégeois :
Que Guy marche sur Liége avec ses Namurois :
Que Waremme à la force opposant la vaillance,
Après trois jours d'assauts et d'âpre résistance,
Est demeurée en proie au courroux des vainqueurs :
Et que si l'on ne met un frein à leurs fureurs,
On ne verra bientôt qu'incendie et carnage;
Que jusqu'à la cité s'étendra le ravage.

Pour mieux semer le trouble, elle publie encor
Que, traîtres à leur foi, les sires de Beaufort
Au duc Jean de Brabant ont promis allégeance.

De son côté d'Halloy qui sait que la vengeance
Arme ses fiers rivaux d'un éternel courroux,
Que leur haine sur lui concentre tous ses coups,
Et que Ciney, malgré ses moyens de défense,
Ne peut pas opposer de longue résistance
Aux assauts redoublés de puissants ennemis;
D'Halloy, dis-je, au plus tôt, au prince donne avis
Que de nouveaux renforts deviennent nécessaires :
Qu'il faut, pour diviser ses nombreux adversaires,
Partout les harceler, partout les prendre en flanc;
Ou sinon, sur les bras il aura le Brabant
Avec les Namurois, les Beauforts et la Flandre :
Et comment contre eux tous penser à se défendre?

Jean d'Enghien, prince aimant et pacifique et bon
Avait vu cette lutte avec affliction.
Mais le peuple Liégeois comme à son ordinaire
S'était livré sur l'heure à sa fougue guerrière :
En prétextant l'honneur, l'intérêt du pays,
Il n'avait calculé que succès et profits.
Mais le prince accusé tout d'abord de faiblesse
Avait en résistant fait preuve de sagesse.
L'étincelle, en effet, la flamme d'un moment
Maintenant éclatait en vaste embrasement.

A l'aspect des périls qui pressent la patrie,
Jean d'Enghien donne l'ordre à Robert de Forvie
D'enrôler des soldats, de partir sans retard
Et d'armer en chemin le peuple campagnard.

Il fait porter la guerre au sein des propres terres
Des seigneurs alliés et de leurs feudataires.

Le sire de Marchin pénètre au Luxembourg,
Ravage le Randarche et les champs d'alentour.
Jacques de Rochefort court entre Sambre et Meuse
Exercer des Copers l'humeur aventureuse :
Et Burchard de Hainaut en campagne rentrant
Dévaste, met à feu les terres du Brabant.

Cependant, à la voix de son cœur pacifique,
D'Enghien veut à la guerre unir la politique.

Sur la France régnait Philippe, roi pieux',
Ami de la justice autant que vertueux.
Des princes il était le conseil et l'arbitre.
D'Enghien recourt à lui. La Mark que plus d'un titre
Rendait cher à son prince, agréable aux Français,
Va trouver le monarque, et lui narrant les faits,
Réclame son appui contre la lutte impie
De rebelles vassaux qu'arme la félonie.

Philippe lui promet son appui, ses secours.

———

Mais rentrons à Ciney. Le ballon suit son cours.
Voyez-le cadençant son vol avec souplesse :
Il cède au moindre vent, il plane avec mollesse,
Comme la nef légère, à la rame en repos,
S'abaisse, se relève, ondoie avec les flots.
Le regard suit sa marche : il fuit dans l'étendue ;
Bientôt ce n'est qu'un point au milieu de la nue.
Où va ce gaz subtil, captif d'un lin soyeux,
Frêle globe perdu dans l'océan des Cieux ?...

Sur le chemin de Liége , une troupe d'élite
Ayant pour chef Forvie et traînant à sa suite
Des vivres abondants en différents convois ,
A suspendu sa marche au débouché des bois
Qui couronnent le front des monts de Bormenville.

Forvie avait pensé parvenir à la ville
Sans qu'aucun ennemi pût arrêter ses pas :
Et voilà que surgit un mortel embarras ;
Car il voit de guerriers la campagne inondée
Et craint qu'en avançant l'alarme soit donnée.

Entre divers partis il flottait incertain ,
Quand soudain le ballon s'abat sur son chemin.
Sa troupe à cet aspect est saisie, éperdue :
Quel revenant, quel sylphe est tombé de la nue ?
Elle ne le sait pas , ne veut pas le savoir.
Mais le chef moins peureux , veut du moins l'entrevoir ;
Et malgré les recris de la troupe crédule,
Et bien que vers son cœur un sang plus vif circule,
Vers l'objet il s'avance affermissant ses pas,
Montre un front assuré, mais pourtant dit tout bas :
« Je t'acconjure , esprit ; esprit je t'acconjure. »

L'esprit ne bougeant pas , son âme se rassure.
Il s'approche et penché sur la nacelle , il lit
Tracé de main amie, un parchemin écrit :
« Vous qui venez à nous, asseyez-vous sans crainte :
» N'appréhendez, Forvie, embûche, dol ni feinte. »

Forvie entre, s'assied. Le globe mollement
S'élève dans les airs, le porte au firmament.
Quand il voit fuir la terre et cro'tre l'étendue,
Il tressaille, frémit, tremble, retient sa vue :

Et le soldat qu'il laisse à son effroi mortel
Croit que son chef va droit au diable par le ciel.

C'est, amis, cette nef dans l'espace perdue
Que suivaient vos regards. — Surprise, confondue,
La troupe des Beauforts n'a pas trop de ses yeux
Pour suivre du ballon le vol mystérieux.
Mais quand elle le voit s'incliner et s'épandre,
Et, traçant un rayon, dans la ville descendre,
Consternée elle croit en son cœur morfondu
Que le Ciel se déclare et que tout est perdu.

Dès ce jour, sur le camp fendant l'azur limpide,
Parut, allant, venant, cette blanche sylphide.
L'intrépide en frémit, le lâche en meurt d'effroi :
Tous les bras sont glacés, et le camp se tient coi.

Pourtant l'enfer en rit; il aura sa revanche :
Le remède est tout prêt, il le tient dans sa manche.

Cette apparition durait depuis huit jours;
Rien ne semblait devoir en suspendre le cours.
Le ballon dans Ciney, sans qu'il arrivât noise,
Avait porté les chefs de la bande Liégeoise :
Les vivres à présent en prenaient le chemin.

Cependant, vers le soir d'un jour pur et serein,
A l'heure où le soleil va retrouver Nérée,
Les yeux étaient fixés sur la voûte éthérée
Que traversait encor le magique ballon.
Soudain, au fond des cieux, s'aperçoit un point rond
Qu'en nos jours on eût pris pour un aérolithe.
Ce point grossit à l'œil, descend, se précipite :
Il fond sur le ballon et le rase à deux pas.
Son dessein, semble-t-il, fut de le couler bas.

Puis, il prend mieux son temps, et d'un vol circulaire
S'abaisse vers Biron et s'en vient prendre terre
A l'endroit qui reçut la tente des Beauforts.

Qui rendra des guerriers les vivats, les transports,
Lorsque, avant que Rigald eût levé sa visière,
Le camp a reconnu son armure guerrière?
C'est lui! dit-on, c'est lui! c'est bien là son coursier.
C'est son cimier, son casque!.... Et quel est ce guerrier
Qu'il porte assis en croupe et dont la verte armure
D'un chevalier errant doit être la parure?
Devise, habit, blason, tout paraît curieux.

Le coursier même aussi tenait du merveilleux.
Car, qu'il eût au parfait le galop, le trot, l'amble,
C'était clair. Mais voler!... c'était nouveau, ce semble.

Enfin, laissant à part les redits, les cancans
Que firent à l'envi les soldats pétulants,
Nous dirons que Rigald reçu comme un messie,
Au camp déconcerté rendit courage et vie.
Apprenant le pouvoir du guerrier inconnu,
De ses vaines terreurs le camp est revenu :
Avec Rigald enfin renaît la confiance ;
L'avenir est riant de gloire et d'espérance.

FIN DU CHANT VINGTIÈME.

CHANT VINGT ET UNIÈME.

ARGUMENT. Songe de Jean de Gosne. — Le chevalier inconnu forge
les armes à feu. — Le ballon est détruit. Joie des assiégeants.
Conseil des chefs. — Ciney implore S. Materne.

La nuit avait enfin, courant en noir manteau ,
Sur le céleste azur tiré son noir rideau ,
Et sinon par les trous de l'étoffe grossière
Qui laissent échapper des éclats de lumière
Pour exercer les yeux de nos grands étoiliers
Dont l'extrême obligeance en compte des milliers ,
Le jour forclos n'avait plus rien à dire au monde.
Le paisible sommeil versant sa paix profonde ,
Parcourait l'univers et par ses doux pavots
Plongeait dans le silence et la terre et les flots.

Tout dormait, excepté les âmes inquiètes ,
Les amoureux transis , les hiboux, les poètes :
Car ceux-ci pour rimer déjà s'émoustillaient ,
Et pour huer , gémir , ceux-là se réveillaient.
Le camp dormait aussi , bercé par l'assurance
Que lui rendait enfin Rigald par sa présence.

Mais Gosne tout à coup sursaute, se saisit.
Il s'éveille : un fantôme est au pied de son lit.

« Tu dors, Gosne, tu dors, et ton esprit tranquille
» Croit pouvoir de plein saut s'élancer dans la ville.
» Mais, nonobstant Rigald et son ami discret,
» Si tu ne romps d'abord le talisman secret
» Que posa l'art puissant d'une noire magie
» Au fronton des portails de la ville ennemie,
» Dans ta pensée en vain tu l'enlaces de fers,
» Elle brave tes coups et se rit des enfers. »

Le Spectre parle ainsi d'une voix enrhumée
Et disparaît soudain. Une longue fumée
Se traîne sur les pas de l'esprit ténébreux.
La tente se remplit d'un brouillard sulfureux
Semblable pour l'odeur, au bitume asphatique
Qu'on répand de nos jours sur la route publique.

En vain Gosne troublé cherche à se rendormir ;
Le sommeil fuit ses yeux. L'importun souvenir
Du spectre et de sa voix bruit à son oreille :
Il le revoit sans cesse et sans cesse il s'éveille.

A la fin excédé de sommeil et d'ennui,
Il fait chercher Rigald. Le voyant près de lui,
Il lui décrit son rêve, et d'une voix tremblante
Lui fait du noir esprit la peinture effrayante ;
Répète ses discours, retrace ses avis :
Dit comment ses rivaux, près d'être anéantis,
A l'abri de ses traits par d'invincibles charmes,
Défiront le pouvoir du courage et des armes.

« Seigneur, répond Rigald, une sombre vapeur
» En vérité parfois change une vaine erreur.
» Mais quel que soit le sort dont Ciney s'environne,
» Et fût-il protégé par Satan en personne,

» S'il vous plaît de jurer que les heureux destins
» Du guerrier inconnu sont remis en mes mains,
» Bannissez toute crainte et toute défiance.
» A l'art de la magie opposant sa science,
» Ce guerrier saura bien briser, anéantir
» Le sort par où Ciney prétend se garantir.
» Aussitôt que des nuits le jour perçant le voile
» Verra devant ses feux fuir la dernière étoile,
» Répondant à vos vœux, tous les deux en retour
» Par un secret plus grand, caché jusqu'à ce jour,
» Pour détruire ce sort nous forgerons la foudre
» Et pour vaincre Ciney nous le mettrons en poudre. »

Le comte est rassuré, ravi par ce discours :
Il donne sa parole et promet son concours.

Bientôt on n'entend plus dans le camp qui s'éveille
Que le bruit du marteau qui fatigue l'oreille.
Le soc de la charrue et le fer meurtrier
S'unissent sur l'enclume à l'armement guerrier.
Le métal aplati s'allonge en fortes lames
Qu'un triple cercle unit, resserre dans les flammes;
Ou bien, il se façonne en tube régulier
Que soude avec effort, qu'arrondit l'ouvrier.
Le plomb coule brûlant dans des formes sphériques
Et, transformé, ressort en globes métalliques :
La pierre et le caillou sous l'œil et le compas
Sont taillés en boulets et rassemblés en tas.
Le camp entier n'est plus qu'une vaste officine.
Déjà les mots pierrier, bombarde, couleuvrine,
Désertant des objets qu'ils n'indiqueront plus,
En nomment de nouveaux jusqu'alors inconnus.

Près du camp, en un lieu solitaire et champêtre,
Par les soins de Rigald le souffre et le salpêtre
Arrivent, sont broyés et mêlés au charbon,
Puis abrités de l'air par un toit de gazon.

A l'aspect effrayant d'une nombreuse armée
Arrivant sous ses murs, aux combats animée
Et prête à s'élancer aux plus sanglants assauts
Pour relever enfin l'honneur de ses drapeaux,
Ciney s'était ému; car l'heure solennelle
Sonnait en ce moment d'une gloire immortelle
Ou d'un sac sanguinaire avec tous ses tourments.
L'effroi serrait les cœurs de noirs pressentiments.

La ville était pourtant réparée et munie.
Mais les chefs du renfort et Robert de Forvie
Avaient seuls pénétré dans l'enceinte des murs.
Leurs guerriers délaissés ne se crurent pas sûrs
De les revoir encor, quand l'immense étendue
Semblait les absorber chaque jour à leur vue.
Ils campèrent d'abord, pensant chaque matin
Qu'une sortie allait leur frayer le chemin.
Déçus de cet espoir, ils se découragèrent,
Et par petits partis dans leurs foyers rentrèrent.

Ciney put respirer quand de bruyants travaux
Parurent un instant suspendre les assauts:
Ce répit éveilla maint et maint commentaire,
Mais rien ne déchira le voile du mystère.
En vain l'on vit au soir briller mille fourreaux
Et le feu pétiller sous le choc des marteaux,
Rien ne fit deviner ce mouvement fébrile
Qui, la laissant en paix, inquiétait la ville.

Plusieurs fois cependant Jacqueline et Sans-Peur
Sortirent pour connaître et troubler le labeur :
Plusieurs fois les mangans armés d'énormes pierres,
Lâchant avec effort leurs cordes meurtrières,
Firent sauter fourneaux, enclumes et creusets.
Mais balistes, mangans, pierres, rochers et traits,
Rien n'y fit. L'assiégeant contre escarmouche et rage,
Paisible et patient continua l'ouvrage,
Jusqu'au jour où Rigald pour en faire l'essai,
Put troubler tout de bon, désespérer Ciney.

Déjà le soir teignant les cieux de reflets sombres,
S'avançait du Levant transporté par les ombres.
C'était l'heure où toujours le magique ballon
Pour entrer dans Ciney s'abaissait au vallon.
Les chefs et leurs suivants sont sortis de leur tente ;
La troupe est, l'arme au bras, dans une morne attente :
Le guerrier inconnu, Rigald, seuls dans le camp
S'agitent, viennent, vont; parlent en cet instant.

Un long tube de fer auquel se tient unie
Une crosse de bois travaillée, arrondie,
D'une poudre noirâtre et de mousse est comblé
Qu'un fer envoie au fond par un coup redoublé.
Puis par un autre coup une balle enfoncée
Descend avec effort sur la mousse pressée.

Lors, l'ami de Rigald prend le tube chargé :
Sur un jalon fourchu dans le sol engagé
Le fixe, le dirige à la céleste voûte
Sur l'axe où le ballon apparaît dans sa route.
Rigald à ses côtés tient un tison ardent :
Puis, le regard au Ciel, ils sont en attendant.

L'armée aussi, les chefs, tous étaient dans l'attente;
Tous par des vœux ardents hâtaient l'heure trop lente,
Quand enfin inclinant son vol majestueux
Le globe aërien apparut à leurs yeux,

Il flotte dans les airs, mollement se balance,
S'abaisse tour à tour et de nouveau s'élance.
Le guerrier inconnu le couve du regard.
Puis, ne le voyant plus qu'à cent pas du rempart,
Il saisit vivement une mèche enflammée.
Un éclair de lumière, une épaisse fumée
Du tube comprimé sortent en éclatant :
La balle frappe l'air, fend les cieux en sifflant.

Telle, au coup du chasseur, qu'on voit la tourterelle
Au milieu de son vol atteinte dans une aile,
S'arrêter, chanceler, tomber en tournoyant :
Tel, ô subit effet! le ballon ondoyant
Sur lui-même soudain s'affaisse, se replie;
Sa toile se déchire, et privé de sa vie,
Secoué par le vent qui l'emporte au hasard,
Il vient en expirant tomber sous le rempart.

Le camp qui jusque-là d'une vue attentive
Suivait silencieux le ballon en dérive,
Eclate tout d'un coup en applaudissements :
On saute, on rit, on crie, on rompt partout les rangs.

Mais le pauvre assiégé qu'accable cette joie
De mille maux affreux se voit déjà la proie.
Cerné de toutes parts, sans vivres, sans secours,
Et privé désormais de son dernier recours,
Car c'était du ballon les messages fidèles
Qui donnaient du dehors et rendaient les nouvelles,

Le bourgeois abattu se livre au désespoir
En présageant les maux qui sur lui vont pleuvoir.

Le camp de son côté se livre à l'allégresse :
Tout est fête , banquets , tout est joie et liesse.
La cervoise à grands flots se mêle à l'hypocras :
C'est un temps de plaisirs et non plus de combats.

Cependant en conseil rassemblés sous la tente,
Les chefs , les chevaliers veulent qu'on leur présente
Le guerrier inconnu dont l'art inespéré
Promet à l'entreprise un succès assuré.

Amené par Rigald , son humble contenance,
Sa douce voix ravit les cœurs de l'assistance.

« Quel sera , dit Beaufort , insigne chevalier,
» D'un fait d'armes si beau le splendide loyer ?
» Tu rends à nos guerriers la force et le courage;
» La chance des combats tourne à notre avantage :
» Et si plus rien encor ne vient nous entraver ,
» Ciney nous est acquis , rien ne peut le sauver.
» Mais de ton art c'est peu d'admirer l'artifice
» Si nous ne connaissons l'auteur de ce service.
» Abaisse ta visière , et qu'il nous soit permis
» D'apprendre avec ton nom celui de ton pays.
» Si cet exploit dément toute reconnaissance,
» Qu'un glorieux renom , du moins, te récompense. »

— « Qu'il vous plaise , Seigneur , répond le chevalier,
» De laisser son secret au malheureux guerrier
» Qu'un triste sort poursuit de rigueurs inhumaines.
» Je serai trop payé si , pour prix de mes peines,
» Ciney dans peu de jours , comme j'en ai l'espoir,
» Par mes faibles moyens tombe en votre pouvoir.

» Mais si, comme je dois, j'en crois à la parole
» Qu'a donnée à Rigald votre cœur bénévole
» De changer mes revers en des jours de bonheur,
» Alors, Seigneur, je suis seul votre débiteur. »

Il se tait. Le conseil respecte son silence,
Et, pour marque d'honneur l'admet à la séance.

On parle, on délibère, on discute. A la fin
On fixe d'une voix l'assaut au lendemain.

A Ciney cependant les clercs, la bourgeoisie
Que l'imminent danger attère, stupéfie,
Sévrés dorénavant de tout appui mortel,
Comme à leur seul recours lèvent les mains au ciel.
Car, malgré certain goût au médisant langage
Qui des moindres cités fut toujours le partage,
Et dont Ciney sans doute aurait tort d'être exempt,
(Car que dire à Ciney, si l'on n'est médisant?)
Ciney, clercs et bourgeois, et gens de toute sphère
Eurent toujours en lot la piété sincère.
Tous donc au son tremblant de la cloche du glas
Dont le timbre lugubre annonce le trépas,
Se pressent dans le temple, et par l'humble prière
Tâchent de conjurer la divine colère.

De Materne surtout on invoque le nom.
« O de Ciney l'espoir et l'auguste patron,
» Abaisse tes regards sur ta cité fidèle
» Que ton zèle fonda, que conserva ton zèle.
» Vois nos larmes, entends nos soupirs, nos sanglots;
» De l'enfer conjuré renverse les complots :
» Ou si de nos méfaits la longue persistance
» Mérita dès longtemps la céleste vengeance,

» Retarde-la , du moins , et que d'un Dieu clément
» Un ennemi félon ne soit point l'instrument.

Ces cris montent au ciel où , rempli d'allégresse,
Materne nage au sein de l'éternelle ivresse.
Là, l'Etre qui seul est, que tout adore et craint ,
Le Dieu , triple unité , seul grand , seul trois fois saint,
Règne dans les splendeurs de sa gloire infinie ,
Et dans l'immensité répand l'être et la vie.

Materne ému se jette aux pieds du Tout—Puissant.
Il y porte les pleurs du peuple gémissant :
« Dieu d'amour éternel , dont la bonté suprême
» Est adorable encore en châtiant ceux qu'elle aime :
» Ce peuple qui jamais n'hésita dans sa foi ,
» Qui fut toujours fidèle à ta divine loi ,
» Et montra pour ta gloire un zèle ardent, sincère;
» Ce peuple dont je fus et l'apôtre et le père ,
» Pour lequel tant de fois éclata ton pouvoir ,
» Ce peuple est à cette heure en proie au désespoir.
» Lève-toi , Dieu puissant , qu'elles soient terrassées
» Ces forces par l'orgueil , par l'enfer amassées :
» Parais, et par un mot , que ton peuple sauvé
» Échappe aux traits cruels d'un rival réprouvé. »

Il dit , et s'abîmant dans son néant immense,
Reste immobile aux yeux de la divine essence.

Le Verbe parle. Aux sons de sa céleste voix
Le ciel est plus serein , et l'enfer aux abois,
Comme au jour où Sina promulgua sa loi sainte ,
Tremble en ses fondements d'une effroyable crainte.
Sur la terre , les vents , surpris, rompent leurs fers ,
Font siffler les forêts , bouleversent les airs.

Chassée en sens divers la nue est rassemblée,
Et de sa masse obscure, épaisse redoublée,
La foudre sort brillante en longs déchirements,
Et le tonnerre roule en sourds mugissements.

« Materne, à tous les vœux l'éternelle justice
» Ne peut pas se montrer également propice.
» Par sa foi, ses vertus ton peuple a mérité
» Ces soins de ton amour, ces marques de bonté :
» Mais l'Arbitre infini juge l'équité même;
» Rien ne peut révoquer la volonté suprême.
» En vain elle est injuste à des regards charnels;
» Souvent les maux du temps sont des biens éternels.
» Ton peuple a réclamé la divine assistance,
» Il a mis dans le ciel sa plus ferme espérance;
» Nous exauçons ses vœux : le céleste séjour
» Couronnera sa foi, son espoir, son amour.
» Ses bourreaux vainement dans leur impie audace
» De Ciney tenteront d'anéantir la trace,
» Ciney plus fort un jour sortira du cercueil :
» Et de ses ennemis le Ciel brisant l'orgueil,
» Jettera dans la poudre et leur nom et leur gloire
» Et de leurs propres fiefs bannira leur mémoire.

» Vois, Materne, au miroir des présages divins,
» Les deux fils de Beaufort dans leurs jeux enfantins
» Sur eux-même artisans d'une affreuse disgrâce,
» Par une double mort exterminer leur race.
» Vois le duc de Brabant périr dans un tournoi :
» Le duc de Luxembourg, félon traître à son roi,
» Porter sur l'échafaud sa tête criminelle,
» Et ses biens saccagés par la guerre cruelle.

» Vois Gosne dont l'orgueil fit ces débats altiers
» Y trouver le trépas , périr sans héritiers :
» Le comte de Namur , infidèle à la France,
» Expier dans les fers sa lâche déférence.
» Si Dieu , juste et toujours aux crimes étranger,
» Les souffre , il sait aussi , tôt ou tard , les venger.

   » Cependant a Ciney , chez ce peuple que j'aime,
» Pour adoucir ses maux , Materne , va toi-même.
» Pour être malheureux , ils en sont plus les miens :
» Ainsi qu'ils ont vécu , qu'ils meurent en chrétiens. »

   Ainsi parle le Verbe : et la céleste lyre
Qui se tut à sa voix, dans un heureux délire
Reprend ses doux accords, chante le Dieu mortel
Qui guérit l'infortune en lui montrant le ciel.

FIN DU CHANT VINGT ET UNIÈME.

CHANT VINGT-DEUXIÈME.

ARGUMENT. Les Cinaciens se préparent à la mort. — L'armée ennemie s'avance pour donner l'assaut. — Dénombrement des troupes qui la composent.

C'est une vérité, source de confiance,
Que le malheur jamais n'est sans quelque espérance.
Mais d'où naît cet espoir, et quel en est l'appui ?

Les uns en font le lot de l'insensible oubli ;
Les autres pour armer, retremper le courage,
D'un meilleur avenir font briller le présage.
Mais cet oubli si froid et ces jours fortunés
Nous laissent incertains s'ils nous seront donnés.
Est-il mieux d'opposer aux chagrins de la vie
L'impassible manteau de la philosophie ?
Je ne sais. Car souvent cet appareil menteur
En forçant les dehors en ronge mieux le cœur.
L'amitié peut aussi tempérer l'infortune.
Un cœur qui devient nôtre, à la peine importune
Ote son aiguillon par des soins assidus.
Mais ces soins rendent-ils la paix, le bien perdus ?

Soyons vrais. Nos douleurs sont âpres, sont amères :
Il n'est point ici-bas de baumes salutaires
Qui sachent pleinement les dompter, les guérir :
Et s'il n'est rien là-haut, à qui donc recourir ?

Heureux l'homme nourri dans la douce assurance
D'un heureux avenir, point fixe d'espérance !
Il n'ancre pas son âme aux faveurs des humains,
Sans craindre de les perdre il jouit de ses biens.
Et soit que son esquif battu par la tempête
Touche le fond des flots ou vacille à leur crête,
Toujours calme et soumis au vouloir éternel
Il se résigne, attend, les yeux fixés au ciel.

———

Ainsi firent, surtout quand leur Saint tutélaire
Du céleste séjour descendit sur la terre,
Les Cinaciens pieux. Dévoués à la mort
Ils surent en chrétiens se soumettre à leur sort.

Les guerriers aux bourgeois s'unissent dans le temple.
Sans emphase et sans peur d'Halloy donne l'exemple.
Les bons moines aussi, sans prendre de repos,
Passent de la prière aux sacrés tribunaux
Où la foule à ses torts va chercher prompt remède.

La préparation alors ne fut point tiède.
Le chrétien au gros sel et le plus routinier
Sut bien en ce jour-là, sans se faire prier,
Lier avec son cœur plus ample connaissance
Et, sans craindre d'excès, troubler sa conscience.
Croyez qu'aucun, de soi trop ardent défenseur,
Ne fit pour se blanchir querelle au confesseur.
Ces péchés si discrets, traités de peccadilles,
Qui meurent sur la lèvre ou s'arrêtent aux grilles,
Ne trouvant plus alors moyen de s'éclipser,
Firent en s'échappant un bruit à tout percer.
Le larron, l'usurier, au cœur devenu tendre,
Trouvèrent sans délai des motifs de tout rendre.

Tous enfin , sans chercher ni terme , ni milieu ,
Firent à leur Isaac un bel et bon adieu.

Déjà , l'astre du jour poursuivant sa carrière
En deux égales parts divisait sa lumière ,
Et des apprêts qu'il voit désireux de jouir ,
En passant sur Ciney semblait se ralentir ,
Quand le fracas des cors , une clameur soudaine
Fait mugir les vallons et retentir la plaine.
Sous les pieds des coursiers le sol tremble et bondit :
Ce bruit frappe la ville et le guerrier frémit.

C'est le camp des Beauforts qui s'ébranle et s'avance,
Comme en voyant sa proie un fier lion s'élance.

O Muse , redis-nous ces nombreux ennemis :
Car ce n'est plus Beaufort avec ses seuls amis ;
C'est le Brabant , Namur et la puissante Flandre
Qui viennent sous Ciney comme un flot se répandre.

Le centre est commandé par Jean duc de Brabant.
Bruxelles , par honneur placée au premier rang ,
A d'Aremberg pour chef de sa chevalerie :
'T' Serclaes avec Marnix guident la bourgeoisie.
Dociles , comme dit le chant du juif-errant ,
Alignés au cordeau , s'avançant d'un pas lent ,
Ces braves Bruxellois , fiers de leur marche égale
Prennent tous de leur mieux un air de capitale.

Beaudoin d'Arschot conduit les enfants de Louvain.
Ces guerriers gros , dodus , qui préfèrent au vin
Le jus du houblon gras et de l'orge rôtie ,
Sur leur ventre arrondi , leur face rebondie
Portent preuve amplement de ce solide goût
Qui sait à l'agréable unir l'utile en tout.

Bruxelle a pour drapeau l'image de l'archange
Dont le pied triomphant foule le mauvais auge.
On voit aussi flotter plus d'un riche pennon
Où le Mauekenpiss fait la nique au démon.
Sur un grand étendard un gros tonneau de bière
Annonce la cité savante et gargotière.

Les bons Manne-Blusschers, enfants du Malinois,
Commandés par Berthout, s'en viennent trois à trois.
Ils semblent en marchant dire leur patenôtre,
Et vont, comme l'on dit, d'une jambe sur l'autre,
Les yeux écarquillés, fixés sur un drapeau
Où la lune éclairant la tour de saint Rombeau,
L'enflamme de ses feux comme un vaste incendie.

Suivent les Anversois dont le rusé génie
Veut ravir à Venise et commerce et trésors.
Ils marchent gravement comme de vrais segnors.
Le géant Antigon brille sur leur enseigne :
Sur sa main, Segnorke rongeant une châtaigne,
Fait ses sauts, Houpsignour! pour amuser ses gens.
Mais les cœurs anversois ont des soucis cuisants,
Car le vrai Segnorke, par ruse déloyale,
Dans Maline est captif. Sa perte sans égale
Va devenir l'objet d'opiniâtres débats
Qui doivent se changer en de sanglants combats.

Puis, les Tirlemontais dont la forte structure
Atteste de leur sol la puissante nature.
Ils ont De Turck pour chef. Son robuste coursier
Caraccole en portant deux cents livres d'acier.
Tirlemont, terre riche et fertile sans bornes
Se vante avec raison de ses bêtes à cornes.

Les Distois sont guidés par sire de Longchamp.
On reconnaît leur bière à leur marcher pesant.
Derrière eux, pétulant, l'habitant de Hougarde
Les presse à bon plaisir, et comme par mégarde
Malicieusement leur foule les talons.
A chaque instant s'élève un concert de jurons.
Van Borghrave est le chef de ce peuple sauvage.

Les Hallois que renomme un saint pélérinage,
Marchent les yeux baissés, comme en procession.
Aucuns semblent douter de leur dévotion.
Cependant leur curé qui les suit en campagne,
Non sans les sermonner partout les accompagne.
Brave homme il redouta que mis à l'air des camps,
Partis petits voleurs, il n'en revinssent grands.
Aussi Blanckart, leur chef, qui peu s'en édifie,
Les observe en dessous d'un air qui se méfie.

Paraissent à leur suite Arschotois, Jenappois,
Wavrois, Asschois et cent autres durs noms en *ois*,
Rivageois du Démer, de la Gette et la Dyle
Dont la nerveuse main à manier l'arc habile,
Unissant la pratique à de longues leçons,
Va mieux planter ses traits que dans des paillassons.

Gertrude de Duras, princesse de Nivelles,
Sur un coursier bardé de soie et de dentelles,
Ferme la marche avec deux cents bons Nivellois.
Ces braves gens, pareils aux moutons champenois,
N'ont cure que ce soit fier baron ou bergère
Avec houlette ou fer qui les mène à la guerre.
Pourtant celle ou celui qui préside à leur sort,
Doit comprendre qu'il n'est pire eau que l'eau qui dort :

11*

Car au commandement le Nivellois rebelle
Comme son chien fameux s'enfuit quand on l'appelle.
Plutôt qu'au Nivellois entêté, mutiné,
Vaut mieux avoir affaire au démon déchaîné.

Ne laissons pas pourtant, sans le salut d'usage,
Passer les noirs manants du sombre Borinage.
Pour détruire et creuser ces bruyants hennuyers
Apportent avec eux leurs instruments houillers,
Et s'ils n'ont pas d'ailleurs l'aspect fort agréable
C'est que leurs noirs travaux sont trop voisins du diable.

Jean d'Avesne conduit ses valeureux Montois.
Un langage chantant, un air fier et narquois
Distinguent ces guerriers et les font reconnaître.
Impatients du joug, ils ne suivent leur maître
Qu'avec le doux espoir d'être alors de retour,
Quand se lève sur Mons ce beau, cet heureux jour
Où le chant du Doudou, signal de la kermesse,
Fait sauter les Montois au gré de leur liesse.

Jean d'Avesne est le fils de ce fameux Burchard,
Qui tuteur de sa mère et pour elle un vieillard,
Se l'unit au mépris d'un sacré caractère.
La fourbe se fit jour, et le fatal mystère
En éclatant priva ses deux malheureux fils
De l'amour d'une mère et de leurs droits acquis.
Marguerite, en faveur d'une nouvelle chaîne,
Leur dénia leur part du maternel domaine.
Mais Jean ne céda point, et le saint roi Louis
Lui fit adjuger Mons et son riche pays.

Guy de Flandre et Namur commande l'aile droite.
Tout ce que le négoce et l'industrie exploite

De richesses et d'or dans le vaste univers,
Apporté des confins de la terre et des mers,
Rehausse l'appareil des chevaliers de Flandre.
L'astre brillant du jour qui commmence à descendre   .
Sur leur brillante armure éclate en mille feux
Dont l'éclair éblouit et fait baisser les yeux.

Bruges au premier rang étale sa milice.
Bruges est du beau sexe, et soit dit sans malice,
Du sexe sage aussi le siége permanent.
Mais la femme toujours crut de quelque ornement
Devoir, pour l'embellir, surcharger la sagesse :
Et la Brugeoise alors au sein de la richesse,
D'une reine de France excita les dépits.
Car l'or, les diamants, les perles, les rubis,
Flottant sur le damas et la pourpre lointaine,
Fesait en chaque femme éclater une reine.

Bruges, jadis si riche, aujourd'hui ton beffroi
Surgit dans un désert ! Ton nom qui fut l'effroi
De ceux qui jalousaient tes trésors et ta gloire,
N'est plus qu'un astre éteint, une vaine mémoire.

L'intrépide Lalaing est le chef des Brugeois.
Deux cents preux chevaliers reconnaissent ses lois.

Avec Dunkerque et Dam la ville des Vandales,
Ostende, Sandeshove et Scharphout, leurs rivales,
Font marcher aux combats un corps de mariniers
Que conduit Luc d'Ursel, la fleur des chevaliers.
Citoyens tour à tour de la terre et de l'onde,
Opposant des remparts à l'océan qui gronde,
Ces courageux marins voient parfois leurs efforts
Céder devant les flots qui franchissent leurs bords.

Ypres dont les trois tours affrontent les orages,
Dixmude avec Thourout, terre aux gras pâturages,
Levèrent de concert un vaillant escadron.
Cent coursiers essouflés sous leur caparaçon
Portent cent chevaliers armés de toutes pièces.
Ils ont pour chef Lamberts dont les hautes prouesses,
Ont étonné le Tage et le Guadalquivir.

Courtrai qu'illustrera dans un court avenir
Un mémorable jour pour la valeur flamande
Envoie un corps d'archers que Hanneceaux commande.

Hanneceaux est liégeois du pays hesbignon.
Mais l'amour qui jadis mit en cendre Ilion
Et força ses héros à quitter leur patrie,
Exila Hanneceaux de la belle Hasbanie.

Jeune et riche, mais serve, Adoule était d'Awans;
Hanneceaux qui s'éprit de ses charmes naissants,
Craignant qu'elle ne fût ravie à sa tendresse,
La ravit le premier, et mit la forteresse
Du sire de Waroux entre elle et son seigneur.
Maintenant fugitif, il veut à sa valeur
Devoir les tendres soins de l'épouse qu'il aime;
Tandis que sa patrie en un péril extrême
Expira son erreur par plus de quarante ans
De désastres cruels et de combats sanglants.

Après ceux de Courtrai les guerriers de Commines
De Furnes, de Roulers, Poperinghe et Messines
Sont guidés aux hasards par sire de Belœil.
Dans sa bannière d'or ils voient avec orgueil,
Changeant sa ligne pourpre, un fier lion de Flandre.

Devant les habitants des rives de la Dendre

Paraissent les guerriers du fertile pays
Que sur l'Escaut fangeux l'industrie à conquis.
Avec eux marchent ceux de Thielt, de Roosebeke,
De Verwick, Warneton, de l'antique Harlebeke,
Vandensteen les commande, et son triple marteau
Brille en chef sur l'argent de son noir pennonceau

J'aperçois les Gantois. C'est Borluut qui les guide.
Citoyen dévoué, chevalier intrépide,
A quelques ans d'ici, chef de mille Gantois,
Dans les champs de Courtrai par d'insignes exploits
De gloire il couvrira son nom et sa famille.
Gand, la ville aux cent ponts, aux vingt îles, où brille
Dans une enceinte immense une égale splendeur,
Avec trois cents guerriers l'envoie au champ d'honneur.
                                                    [monde :
Gavre conduit Grammont, Deynse, Renaix, Ter-
Chimay a sous ses lois Tamise et Rupelmonde :
Ninove suit Lynden, et Hults Robiano :
Wapenaer guide Alost, et Guy Steenheuse, Eccloo.

Audenarde obéit à Gilles Trazegnie.
Cet illustre croisé combattait en Syrie,
Quand de sa jeune épouse il apprit le trépas.
Plein d'amère douleur il n'eut d'autre soulas
Que de chercher la mort en cent luttes cruelles.
Mais Gratiane enfin, la belle entre les belles,
Se présente à sa vue et ravit son amour.
Il ne veut plus mourir, et son cœur dès ce jour
Plus vivant que jamais se voue à Gratiane.

La fille du Sultan, la belle musulmane
Reçoit ses tendres soins, et, comble de bonheur !
Dément pour l'épouser son prophète menteur.

Hélas! le bonheur pur n'est pas fait pour ce monde.
Il ramenait chez lui sa beauté sans seconde,
Quand sa première femme, au pied de son manoir,
Se jette dans ses bras, ivre de le revoir.

O deuil trop regrettable! ô tromperie infâme!
Il pleura son veuvage, il se voit double femme.
Il cherchait le trépas pour un bonheur perdu,
Il se meurt d'un bonheur trop doublement rendu.

Mais voyons l'aile gauche. A la Flandre wallone
Que la Flandre flamande et la France environne,
S'unit le Luxembourg avec le Namurois.

Namur nous est connu. Naguère ses exploits
Ont conquis sous Dinant nos tendres sympathies.
Il marche maintenant aux ordres de Bousies
Dont le pennon d'azur montre une croix d'argent.

Charleroi suit Namur. Il a pour commandant
Maillien dont l'étendard porte une triple étrille.

Denis de Garcia, natif de la Castille,
Conduit Walcourt, Floreffe et les Sambre-Mosains.
Il crie : *Ave Maria;* cri qu'en des temps lointains
Mérita de son roi sur les champs de Grenade
Un preux de ses aïeux qui punit la bravade
D'un maure contempteur des soldats de la foi.

Avec le plat pays le sire de Melroy
Guide ceux de Samson, d'Andennes, d'Andenelle.

Les robustes manants des bords de la Moselle,
Remich que recommande un vin maigre et suret,
Grevenmacher qu'abreuve un nectar trop clairet,

Vont avec Luxembourg, cette ville invincible,
Assise sur un roc partout inaccessible.
Le duc Jean les commande et deux cents chevaliers
Se pressent sur ses pas avec leurs écuyers.

Il est suivi d'Arlon, la cité de la lune,
D'Eternach, où de Job honorant l'infortune,
Chaque an, pour l'implorer, le bon peuple allemand
Fait en arrière un pas sur trois pas en avant.

Nothomb conduit Diekirch, Gerlache Differdange;
D'Huart mène Virton, Viauden, Volmerdange.
Enfin Chini s'avance et Briey sous sa loi
Fait marcher les guerriers des bords de la Semoy.

Lille qui doit son nom aux vastes marécages
Que l'art changea plus tard en riches pâturages;
Tournay l'antique fort des vaillants Nerviens
Qui brava tant de fois l'aigle des fiers Romains,
Avec Douai, Cassel, Orchie et Valenciennes
Ont fourni des renforts de troupes citoyennes.

Leur chef est Jean Lannoy. Cet illustre guerrier,
Capitaine prudent et brave chevalier,
Sera l'heureux auteur d'un glorieux lignage.
Un jour au champ d'honneur, quand lassé du carnage,
Vaincu mais indomptable, un magnanime roi
Rendra sa noble épée, il choisira Lannoy.

FIN DU CHANT VINGT-DEUXIÈME.

CHANT VINGT-TROISIÈME.

ARGUMENT. Assaut aux trois portes à la fois. — Les charmes qui protègent Ciney sont détruits. — Les femmes, les enfants se réfugient dans l'église. — S. Materne avec les moines secourent les combattants. — Combat à la porte de Liége entre Gosne et d'Halloy.

Je le sens, chers amis; il est temps que j'achève :
Nos jours sont des éclairs, et notre vie un rêve,
Rêve que nous voulons prolonger, embellir,
Qui nous vend mille maux au prix d'un seul plaisir.

Tout fuit autour de nous, autour de nous tout tombe :
Il n'est rien, ici-bas, d'assuré que la tombe.
Le poète à vingt ans ne pense qu'au laurier
Qui doit ceindre son front, et voit le monde entier
Applaudir aux succès de son heureuse muse :
A quarante, il hésite; et sentant qu'il s'abuse,
Il doute de lui-même, il doute du succès;
Le laurier se dessèche et se change en cyprès.
Ce public qu'il aimait, cet arbitre suprême,
Il le trouve attiédi, froid comme il l'est lui-même :
Et ce bonheur si grand d'être connu, vanté,
N'est plus pour lui qu'erreur et folle vanité.

Et cependant malgré ces dégoûts et ce doute
Le poète lassé poursuit encor sa route.

Poète, d'où te vient cette simplicité,

Cette soif d'outre-tombe et d'immortalité
Qui t'excite, malgré de justes défiances,
Qui dompte ta paresse et vainc tes résistances,
Te contraint d'achever un œuvre tant de fois
Interrompu, laissé, dédaigné comme un poids?

　　　　　　　　　　　　　　　　　　　hommage
　　Ah! crois-moi, c'est du moins, un faible et pur
Que rend à l'Éternel sa corruptible image.
Cet esprit qui s'élance à la cime des temps,
Qui veut ravir au Ciel ses feux éblouissants,
Épurer son langage à la langue des anges,
Et du siècle à venir mériter les louanges,
N'est pas un sang grossier, vil soutien de ces chairs
Que doit un jour broyer l'infecte dent des vers.

　　Non, non : l'idée en nous d'une gloire future
N'est pas un vain produit de l'aveugle nature :
Les sens n'ont pour attraits que des goûts sensuels ;
L'âme seule s'élance à des biens éternels.

　　Ainsi, nous reportant aux époques antiques,
Les sens étaient alors ces soldats faméliques
Qu'un gain brutal et non un instinct généreux
Rangeait grossièrement sous les ordres des preux,
Alors même qu'épris de l'ardeur de bien faire,
Ces preux, leurs nobles chefs, ne volaient à la guerre
Que pour éterniser l'honneur de leur maison,
Déployer leur audace et gagner du renom.

———

　　C'est ainsi qu'en ce jour, les regards sur sa proie
Partagée en trois corps s'avance et se déploie
Une armée où l'honneur et l'espoir du butin
Excitent à la fois et serf et châtelain.

Haletant sous le fouet, les pesants attelages
Traînent avec effort des tours à quatre étages
Dont la masse tremblante oscille dans les airs.
La roue en tournant crie et fait grincer les fers
Sur lesquels est tendu le bélier formidable.
Le terrain oppressé sous le poids qui l'accable
Et s'écrase et se creuse en de profonds sillons.

Trois de ces lourdes tours, du front des bataillons
Roulent vers les remparts et vont vers les trois portes.

Plus légers et tirés par les bras des cohortes,
S'avancent les pierriers, les chats, les mangonneaux
Et ces engins fameux, dressés sur des traîneaux,
Dont le tube est forgé de fer en longues lames
Qu'unirent les marteaux, que soudèrent les flammes.

Alice, car son nom n'est plus un vrai secret
Pour vous, mes chers amis ; mais le guerrier discret
En fait encore aux chefs, à l'armée un mystère :
Alice avec Rigald, tous deux armés en guerre,
Conduisent ce transport mis sous leurs seules lois.
Une troupe vaillante, assemblée à leur choix,
Possède le secret de cette arme puissante,
Seule en sait avec eux la vertu foudroyante.

Au signal répété par les cors et les cris
L'armée entière marche aux remparts ennemis.

A la porte de Liége où s'étend la colline
Qui fait face à la ville et de loin la domine,
Beaufort va se placer avec Gosne et Brabant.
Spontin avec ses serfs vers celle de Dinant
S'élance dès l'instant, s'établit sans attendre
Guy qui mène au combat les bataillons de Flandre,

Et le laisse en arrière avec ses chevaliers.
Luxembourg et Rigald , Alice et les guerriers
Qui prirent des Beauforts librement la querelle ,
A la porte de Huy , vers la sainte chapelle
Où la piété voue un culte spécial
A la Mère de Dieu , protectrice de Hal ,
Prennent position , mais non sans quelque peine :
Car l'humide vallon qui limite la plaine
Où dans un sol fangeux coule l'Eau-à-la-Vau ,
Les force à biaiser pour franchir le coteau.

Alors au triple poste où les attend l'armée
Rigald avec Alice au succès animée ,
Sous la grêle des traits , des pierres et des dards
Qui s'élancent des tours , qui pleuvent des remparts ,
Courent fixer le but de l'engin sanguinaire
Qui porte dans ses flancs le sort de cette guerre.

Cependant tout est prêt , et le tube infernal
Pour tonner et briser n'attend que le signal.

On le donne. La main qui tient la mèche ardente
Se penche sur le tube. Une flamme brûlante
Jaillit en éclatant , brille comme l'éclair :
Et le globe pressé qui s'échappe et fend l'air
D'un sifflement aigu marque son vol rapide.

Tel roulant , bondissant , le tonnerre homicide
Vomit ses traits brillants qui déchirent les cieux
Et de ses vifs sillons éblouit tous les yeux ;
Ainsi l'éclat grondeur du bruyant projectile
Etonne , fait trembler l'assaillant et la ville.
La fumée agitée en tourbillons poudreux
Intercepte le jour , déroule un voile entre eux.

Soudain de la cité de longs cris de détresse
S'élèvent. Le nuage, en disparaissant, laisse
Voir au but qu'atteignit le boulet indompté
Et les portails détruits et le charme emporté.

Alors, comme la foudre en un terrible orage
Retentit coup sur coup, brille, éclate, ravage;
Ainsi le tube affreux tonnant de toutes parts,
Sans cesse atteint, secoue, ébranle les remparts.

C'en est fait. L'assiégé voit la Mort implacable
S'avancer à grands pas : sa main impitoyable
Sous mille aspects hideux lui montre le trépas.

En ce moment d'horreur d'Halloy ne dément pas
Ces brillantes vertus qui furent son partage
Au jour où la victoire enflammait son courage.
Il parcourt tous les rangs, et partout à la fois,
Il excite les siens du geste et de la voix.

« Vaillants guerriers, dit-il, l'enfer a sur nos têtes
» Déchaîné ses fureurs, amassé ses tempêtes :
» Mais si le Dieu puissant qui tient tout en ses mains,
» N'a point fixé ce jour pour terme à nos destins,
» C'est en vain que satan déchaîne ses cohortes;
» L'éternel contre tous affermira nos portes.
» Point de lâche penser : il n'est plus temps de fuir.
» Si nous ne pouvons vaincre, au moins sachons
                                    [mourir. »
Il dit; la fière ardeur qui brille en son visage
Rend l'espoir aux guerriers, ranime leur courage.

La cloche cependant mêle ses tristes sons
Aux clameurs des guerriers, au fracas des canons.
Vers les sacrés parvis une troupe éperdue,
Pâle d'effroi, se presse, et partout à la vue

S'offre le sombre aspect de vieillards chancelants
Dont la vierge alarmée aide les pas tremblants.
L'enfant abandonné pleure, appelle sa mère
L'épouse après l'époux crie et se désespère :
Et craignant pour son fils, l'objet de ses amours,
La mère sur les murs court veiller à ses jours.

L'on vit alors aussi dans ce danger suprême,
Pour son timide époux s'oubliant elle-même,
La fière Cabolet sensible à sa terreur,
L'entraîner, le guider, au temple protecteur.
C'est là que le vulgaire aux combats inutile
Contre le fer mortel va chercher un asile.
Mais tout ce qui nourrit une âme, un cœur guerriers
A l'envi vole aux murs défendre ses foyers.

Là Dinon et Sans-Peur, Choquier et Jacqueline
Hauseur, Anciaux, Ruard, Boseret, Thys, d'Anthinne,
Le sire de Waillet et celui de Flostoy,
Liedekerke, Argenteau, Berlaymont, Thier, Rouvroy,
Modave de Legnou, Bex de Grange et Bonhomme
Et mille autres héros que le vieux temps renomme
Combattent vaillamment avec et contre espoir,
Veulent vaincre ou périr en fesant leur devoir.

Du céleste séjour descendu sur la terre,
Sous les traits d'un vieillard, envoyé tutélaire,
Materne dans les cœurs forme ces saints désirs
Qui de vaillants chrétiens font de pieux martyrs.
Il anime, il soutient leur vive résistance :
« En Dieu seul est leur force, en Dieu leur espérance :
» Qu'ils laissent à Dieu seul d'ordonner de leur sort,
» Remettent en ses mains et leur vie et leur mort :

» Heureux, si par leur sang versé pour la patrie
» Ils méritent le prix de l'éternelle vie. »

Ainsi, l'auguste apôtre allait de rangs en rangs
Elevant vers le ciel l'âme des combattants.
Aux blessés ménager une prompte assistance,
Soulager des mourants l'angoisse et la souffrance,
Les fortifier tous, les aider, les bénir;
Etre à tous et partout jusqu'au dernier soupir:
Puis, leur fermer les yeux et par l'humble prière
Hâter leur prompte entrée au séjour de lumière,
Tels furent de Materne, en ces jours de douleurs,
Le tendre apostolat, les soins consolateurs.

De moines et de clercs, animés par son zèle,
S'empresse sur ses pas une troupe fidèle.
Le dictame empourpré, les baumes souverains
Sur les membres souffrants s'écoulent de leurs mains.
L'un du corps étranger délivre la nature,
L'autre sonde la plaie et bande la blessure.

A leur tête est Stiennon. Illustre trésorier
D'un chapitre où jamais l'or ne fut coutumier,
Chaque an, en étalant le revers de la bourse,
Des vouloirs sensuels il tarissait la source.
Aussi, toujours léger d'argent et de désirs,
Dans de pieux travaux il cherchait ses plaisirs.
Son cœur bat sous le froc de la plus noble envie
De courir au combat et d'exposer sa vie.
Il va, vient aux blessés, mais regarde en passant
S'il ne pourrait lancer des traits à l'assiégeant.
Mais Meunier, le prieur, devinant ce qu'il guette,
Tout près de s'échapper le gourmande et l'arrête,

Il est vrai que Meunier est doué du pouvoir
De ne regarder rien et pourtant de tout voir.

Mais pourquoi m'arrêter?... Aux murs déjà l'échelle
Sur les fossés comblés partout tremble et chancelle.

A la porte de Liége où s'élança Beaufort
Et que défend d'Halloy, s'avance avec effort
Une mobile tour de cent guerriers couverte,
Et déjà le bélier bat la brèche entr'ouverte.
Les chevaliers liégeois combattent sur ces murs.
Mais leur valeur trompée armant des traits moins sûrs,
S'oppose faiblement à l'arquebuse ardente
Dont l'invisible plomb frappe, étonne, épouvante,
Perce casque et haubert, cuirasse et bouclier,
Abat lâche et vaillant, manant et chevalier.
Ah! déjà l'on verrait les murailles désertes
Si l'arme se trouvait en des mains plus expertes:
Mais le perfide engin, mépris du vrai guerrier,
N'a point encor le droit de tout faire plier.

L'intrépide d'Halloy que le danger réclame
Se dresse sur les murs: ses yeux lancent la flamme:
Ses bras font tournoyer son épée à deux mains.

« Félons, auxquels il faut des succès trop certains,
» Usez, usez, dit-il, pour dompter la vaillance
» De moyens déloyaux, fruits de la noire engeance:
» Enchaînez la victoire à vos lâches combats.
» Mais l'odieux honneur qui s'attache à vos pas
» Partout pour la flétrir suivra votre mémoire.
» Vaincre ainsi c'est la honte, et périr c'est la gloire. »

Il dit. Gosne en fureur lui répond en ces mots:
« Le voilà donc! voilà cet insigne héros

» Dont l'honneur ne souffrit jamais la moindre tache,
» Et qui pour s'illustrer nous ravit une vache !
» Cessez vos coups, soldats ; que le manant altier
» Apprenne, s'il le peut, à vaincre en chevalier. »
Il dit, et de la tour sur le rempart s'élance.

De pied ferme d'Halloy l'attend. Partout la lance
Se relève : bombarde, arquebuse, mousquet
Se taisent : le soldat dans l'attente est muet.

[sauvage

Comme deux fiers taureaux, quand le courroux
Qui les pousse au combat se convertit en rage,
Aveugles de fureur, heurtent fronts contre fronts,
Puis s'élancent encore, et de leurs coups profonds
Se déchirent les flancs, se percent les entrailles ;
Le sang sort à grands flots des sanglantes entailles ;
Le vallon retentit de leur long beuglement :
Le pâtre et le troupeau saisis d'étonnement
Tressaillent aux assauts de la lutte terrible :
Ainsi Gosne et d'Halloy, l'un et l'autre invincible,
Sur un rempart étroit, à demi ruiné,
Commencent un combat décisif, acharné.

Ils fondent à la fois ; leurs glaives retentissent :
En coups durs et pressés leurs bras s'appesantissent :
Le choc des boucliers fait résonner les airs ;
Le tranchant de l'épée entame les hauberts.

Le sang coule bientôt. Car ici, point d'adresse,
Point de penser d'honneur, de désir, de prouesse :
La haine et le courroux sont le seul conseiller
Qu'écoutent leur fureur et leur fer meurtrier.
La soif de la vengeance et la rage brutale
Exilent de leur cœur la valeur martiale.

En d'Halloy cependant, à la première ardeur
Succède un sentiment de prudente valeur.
En lui-même il entend la voix de la Patrie
Qui réclame son bras et dément sa furie.
Alors d'un œil plus calme il suit mieux son rival :
Il le laisse affaiblir, prépare un coup fatal.
Puis saisissant l'instant où, le corps en arrière,
Gosne avec plus d'effort relève de la terre
Son glaive qu'abattit un coup mal assuré,
D'Halloy pousse en avant sur le sol reserré.

Se dressant, et pressant à deux mains son épée,
Sur Gosne abasourdi, dont l'audace trompée
Voit s'élever le coup qui va briser son sort,
Il la suspend. Déjà l'inexorable Mort
Étend sa froide main sur sa pâle victime.....

Mais Pégase rebelle au beau feu qui m'anime,
Refuse à l'éperon de passer plus avant,
Et veut, pour prendre haleine, attendre l'autre chant.

FIN DU CHANT VINGT-TROISIÈME.

12

CHANT VINGT-QUATRIÈME.

ARGUMENT. Mort de Gosne et de d'Halloy. — Combat à la porte de
Huy. Rigald est blessé. — Combat entre Spontin et Jacqueline.
— Ciney est incendié. Fin.

(1848).

Fermant l'oreille au bruit , fuyant l'inquiétude ,
Hors du monde cherchant l'utile solitude ,
J'occupais mes loisirs paisibles , casaniers ,
A peindre les combats , à chanter les guerriers :
Quand tout à coup l'éclat de la foudre lointaine
Interrompit mes chants et fit tarir ma veine.

Quel est donc ce volcan qui s'ouvre avec effort.
Et vomit la terreur , la ruine et la mort ?
Quoi ! ce puissant empire aussi vieux que le monde ,
Secoué par les coups du tonnerre qui gronde ;
Ce royaume guerrier bardé de fer , d'airain
Que fonda sur le roc un soldat—souverain ;
Ce trône qui dompta le démon anarchique ,
Que , dix-huit ans entiers , l'adroite Politique
Maintint , consolida , pressuré de dangers ,
Contre les factions , contre les étrangers :
Soudain sont ébranlés , s'affaissent sur eux-mêmes,
Tressaillent , et saisis d'une angoisse suprême,

S'écroulent sans effort, comme aux vieilles forêts
Tombe usé par les ans un antique cyprès.

Un bras de chair n'a point opéré ce prodige.
Dieu seul est grand ! Son doigt qui soutient et dirige
Tout ce vaste univers qu'il n'a fait que pour lui,
Quand il le voit ingrat, le laisse sans appui.

Ce Dieu grand au mortel donna l'intelligence,
Afin qu'il le connût et louât sa puissance :
Et l'homme enorgueilli de ce don précieux,
Du Ciel qui l'éclairait a détourné les yeux.
Ces immortels travaux, ces œuvres de génie,
Ces secrets qu'a trahis la nature asservie
Loin d'élever ses sens, son esprit vers le Ciel,
Ont fait dire à son cœur : Il n'est rien d'éternel.

Alors le Dieu puissant s'est armé de sa foudre,
Et mortels et travaux confondus dans la poudre,
Et nations et rois, l'un par l'autre punis,
Dans les mêmes périls fatalement unis,
Comme Ninive, n'ont de salut à prétendre
Qu'en implorant le Ciel sous le sac et la cendre.

C'est que le Créateur qui forma l'univers
Peut d'un faible limon supporter les travers;
Mais quand, l'homme orgueilleux nie, abjure son Être,
Il doit l'anéantir, ou se faire connaître.

Depuis un siècle, ô rois, ô puissants d'ici-bas,
Et vous tous, citoyens des différents états,
De quel prix fut pour vous la suprême puissance ?
Le doute dédaigneux, l'impie indifférence
Plus odieuse à Dieu que l'incrédulité,
Ont fait un dieu de tout, l'Éternel excepté.

Vous, rois, qu'on enivra d'un encens adultère,
Vous osâtes franchir le seuil du sanctuaire,
Mettre, en raillant l'Église et son faible pouvoir,
Une main mécréante à l'auguste encensoir.

Épris du vice, ô grands, vous avez de chimère
Traité la foi, les mœurs et tout ce qu'on révère :
Et la foule asservie à l'exemple des grands,
En désertant les mœurs, la foi de ses parents,
Pensa se rehausser, se parer de noblesse
Et combler d'elle à vous l'espace qui la blesse.
Mais bientôt votre égale en incrédulité,
Elle envia vos biens pour plus d'égalité.

Le monde alors, lancé sur la pente du vice
Roula de chute en chute au fond du précipice.
Sectateurs de la Foi, sectateurs des erreurs,
Chrétiens, juifs, musulmans, disciples et docteurs,
Unis par des liens d'entière tolérance,
Et pour tout dogme, ayant la même indifférence,
Déclarèrent au Christ, à sa religion
Une guerre sans fin d'extermination.
Peuples, princes et rois tous ensemble s'unirent :
Mêmes fureurs partout, mêmes cris retentirent :
« Secouons et brisons ce joug, ces fers pesants
» Qui gênent à la fois et peuples et tyrans. »

Le Roi des cieux se rit de leur fougue insensée :
Il les livre sans frein à leur folle pensée :
Et droit, devoir, justice, innocence, équité
Pouvoir, soumission, travail, propriété,
Que dis-je? œuvres de l'art, goût et littérature,
Ainsi qu'au Bas-Empire outrageant la nature,

Avilis, combattus, remis en question
Demandent au désordre une solution.

Apprenez maintenant, vous qui jugez la terre,
Qui de vous ou de Dieu gouverne le tonnerre.
Et vous, peuples trompés, revenez à Celui
Qui seul est votre espoir, et seul est votre appui.
Du juste et du croyant il est l'heureux asile
Et l'impie il le rompt comme un vase d'argile.

Trop heureuse Belgique! Attachée à ta foi,
Immobile, tu vis crouler autour de toi
Les empires puissants, les vieilles monarchies:
Et ton pays cerclé de bornes rétrécies,
De l'univers en proie à la confusion
Fait à la fois l'envie et l'admiration.

Ce n'est point ta valeur, ta force, ton courage
Qui firent ce prodige énigme pour le sage
Qui n'élève jamais son regard vers le ciel:
C'est l'ardeur de ta foi que bénit l'Éternel.

N'en donne pas la gloire à la prudence humaine ;
Elle croit commander, et c'est Dieu qui la mène :
Elle se glorifie et pense tout sauver ;
Elle ne sauve rien et peut tout dépraver.
Ou prônait Metternich, Guizot et leur sagesse:
Le poids du sanctuaire a pesé leur faiblesse.
Un vil essaim d'enfants a démoli leur sort :
Sans Dieu tout est fragile, avec Dieu tout est fort.

Belgique ! accrois encor cette foi salutaire
Des droits et des vertus gardienne tutélaire.
Plus que jamais rends gloire à ce Dieu tout-puissant
Qui frappe, qui guérit, qui renverse et défend.

Le glaive destructeur de l'ange de vengeance
Respectera ton seuil marqué de ta croyance.
Fortunée ! en servant les célestes desseins
D'être le peuple élu par les décrets divins
Pour indiquer au monde oppressé de misère
Quel est son vrai salut, sa force et sa lumière.

Mais Gosne avec d'Halloy sur les murs de Ciney
Décident de son sort : soyons-y sans délai.

———

Sur Gosne consterné l'épée est suspendue.
Les guerriers de Beaufort tremblent à cette vue.
De leur sein oppressé s'échappe un cri d'effroi...
Il n'est déjà plus temps. Le glaive de d'Halloy,
Aussi prompt que l'éclair qui jaillit vers la terre,
Tombe, perce le casque, et jusqu'à la visière
Fend l'airain et l'acier qui s'ouvrent en grinçant.
Du cerveau divisé sort un fleuve de sang.

Mais alors que d'Halloy lève l'arme fatale
Pour redoubler ses coups, une perfide balle
Part des rangs ennemis, fend les airs en sifflant,
L'atteint sous la cuirasse et lui perce le flanc.
Il pousse un cri, le fer fuit sa main alanguie
Et sur son ennemi qu'abandonne la vie
Il chancelle, il s'abat ; et les deux corps rivaux
L'un par l'autre pressés du faîte des créneaux
Roulent avec fracas jusqu'au fond des ruines.

Tels minés par les ans, des montagnes alpines
Descendent à grand bruit vers le creux des vallons
Des rochers de granit dont les sursauts, les bonds

Heurtent , brisent les pins qui sont sur leur passage
Et laissent derrière eux un immense ravage.

Dès lors, rien ne retient, n'arrête l'assaillant :
Chacun se précipite abandonnant son rang.
Soit amour d'un butin , soit fureur, soit audace ,
Tous d'une égale ardeur s'élancent dans la place.

Sur les tours de la porte ondoie au gré du vent
L'étendard somptueux de Flandre et de Brabant.
Sa vue enflamme au loin , excite la vaillance ;
Et pourtant le vaincu ne meurt pas sans défense.
Il dispute aux vainqueurs pied à pied le terrain.

A la porte de Huy un succès moins certain
Accueillait l'assiégeant. Rigald avec Alice
Luttaient avec effort dans un lieu peu propice.
Car le sol était mou , penché de tous côtés ,
Et , dès les premiers coups , les tubes démontés
Gisaient sur le coteau désormais inutiles.
Là, contre des guerriers intrépides , habiles,
Ils en étaient réduits à leurs propres moyens.

Mérode s'y trouvait. Aux bords algériens ,
Avaient aux yeux des preux de Belgique et de France
Éclaté son courage et sa noble vaillance.

D'illustres compagnons brillaient autour de lui.
D'Oultremont , des Liégeois le conseil et l'appui ,
Berlaymont, vieux guerrier et brave entre les braves,
Guy Berlo , le danois du sang des fiers Margraves ;
Liedekerke . Rougrave , Aynechon , Dammartin ,
Deprez, Chabot , Waba , Taillefer , Streel , Vilhain ;
D'Argenteau qu'illustra la cuirasse et la mitre ,
Preux guerrier au combat , doyen sage au chapitre ;

Et bien d'autres héros qu'un temps trop précieux
Nous force de soustraire aux regards curieux.

Ici donc ou guerroie à la manière antique.
Tout chevalier doué d'un instinct héroïque
Peut y chercher l'honneur, sans redouter le sort
D'un courage payé d'une traîtresse mort.
La brèche se défend, s'attaque à coups d'épée :
La terre des deux parts également trempée
Laisse dans les fossés couler des flots de sang.

Alice avec Rigald tiennent le premier rang
Mais on voit que malgré leur valeur, leur audace,
Pour monter à la brèche et pour forcer la place,
Ils ont moins de penchant à suivre leur ardeur,
Qu'à protéger chacun l'objet cher à leur cœur.

Cependant la mêlée est devenue affreuse.
On se bat corps à corps. Balderic de Stenheuse
Tombe sous le tranchant du voué d'Aigremont.
De sa pesante épée Ulric de Berlaymont
Envoie au loin rouler Ghérard de Haultepenne,
Assomme Luc d'Ursel, et sans reprendre haleine,
Abat Lynden, Marnix, Garcia, Wapenaer,
Et de guerriers meurtris dresse un second rempart.

A la fois attaqués par Rigald, par Alice,
Mérode et d'Argenteau réunis dans la lice,
Bravent avec valeur l'effort des deux amants.
Quatre glaives mêlés par mille chocs brillants
Se croisent, sont frappés, font jaillir l'étincelle.

Mais Rigald par Mérode est blessé sous l'aisselle :
Par le joint du brassard le fer a pénétré.
Le jour fuit son regard. Pâle et décoloré,

Il chancelle, il succombe. Alice à cette vue,
Laissant tomber l'épée, éplorée, éperdue,
Se précipite en aide à son guerrier chéri.

Ennemi magnanime, et croyant qu'un ami
De l'amitié propice appelle l'assistance,
En chevalier fidèle aux lois de la vaillance,
Mérode à son rival qui ne se défend pas,
N'adresse plus ses coups. Mais qui sait si son bras,
Mieux instruit de l'objet de cette sympathie,
Eût laissé le champ libre à la belle ennemie
Qui lui ravit d'un trait, grâce à sa loyauté,
Un illustre captif, une jeune beauté?

Mais, vraiment, qu'aurait-il à rêver de tendresse,
Quand il voit s'éloigner l'ennemi qui le presse?

En effet, les guerriers de Rigald, en voyant
Alice transporter leur général mourant
Et braver le danger pour quitter la mêlée,
Perdirent leur ardeur; leur audace ébranlée
Fléchit devant l'aspect des blessés et des morts
Et va porter ailleurs l'espoir de ses efforts.
Tout fuit mais d'autre part Guy prend pied dans la ville
Et rend pour l'assiégé ce succès inutile.

Mérode et ses guerriers, n'espérant pas d'appui,
Craignent d'être entourés. De la porte de Huy
Sur celle de Dinant bientôt ils se replient
Où de tous les côtés les vaincus se rallient.

Mais là, Spontin déjà règne par la terreur.

Sous le tube tonnant le charme protecteur
A peine était tombé, qu'arrêtant la mitraille,
Une échelle à la main, il court à la muraille,

Et qu'un instant après, debout sur le rempart
Attérant de la voix, foudroyant du regard,
Agitant son épée en tournoiments rapides,
Il inspire l'effroi même aux plus intrépides.

« Laissez, dit-il aux siens, ces lâches instruments
» Forgés pour protéger des femmes, des enfants ;
» Mais indignes des preux et honteux pour leur gloire.
» C'est à notre valeur de forcer la victoire. »

Il dit, et sans daigner calculer la hauteur,
Il se lance d'un saut dans la place Monseur.

Qui redira les coups, l'effroyable carnage.
Qu'opère par ses mains le démon de la rage ?
Un superbe lion qu'aiguillonne la faim
Voit-il un troupeau gras? Il s'agite soudain :
Son œil fauve étincelle, il dresse sa crinière :
Et prenant tout à coup sa course meurtrière,
Il tombe en rugissant au milieu du troupeau.
La timide brebis, l'indomptable taureau,
Également surpris, sentent sa dent cruelle.
La soif du sang l'altère et sa fureur mortelle
Jonche le sol poudreux de débris palpitants.

Ainsi le fier Spontin, dès les premiers instants,
S'escrimant à grands coups et d'estoc et de taille,
Tue, égorge sans choix les preux, la valetaille.

Le chanoine Enguerrand, monté sur ses tonneaux
Criait pour animer ses vaillants damoiseaux.
Mais les gentils Copers, voyant l'indigne outrage
Que le fer acéré fait à maint beau visage,
Cèdent devant les coups du rustique César :
Et le pauvre Enguerrand percé de part en part,

De son tonneau rempli choit dans un tonneau vide.
Du moins, en expirant, malgré le sort perfide
Qui priva de linceul tant de nobles bourgeois,
Il eut l'heur de trouver un cercueil de son choix.

Spontin prive d'un bras Cartier de Porcheresse
Fend le nez à Bonhome et du fer qu'il redresse
Tranche la tête à Thys et coupe Hauseur en deux :
Et le rapide essor du glaive vigoureux
Navre encor Coswarem jusqu'à l'os de la cuisse.

Comme le couperet fait la chair à saucisse,
Ou comme le fléau, qui frappant les épis,
Fait voltiger le grain, la paille et les débris,
La lame de Spontin abat, taille, traverse,
Fait voler têtes, bras, et bien loin les disperse.

De frayeur attérés, stupéfaits, assourdis,
Comme au fer du boucher la stupide brebis,
Les bourgeois se laissaient immoler sans défense.
Mais voici qu'à grands pas Jacqueline s'avance,
Suivie et de Dinon et de François Sans-Peur,
Et que tous trois sur lui tombent avec vigueur.

Comme un roc escarpé, qui, dès l'aube des âges
Brisant le choc de l'onde et bravant les orages,
Dresse son front superbe à la face des flots
Et fait frémir de loin pilote et matelots :
Et, comme un chat madré dont la griffe poignante
Saisit, lâche, ratrappe une souris tremblante,
Puis la relâche encor pour mieux la ressaisir,
Sachant qu'elle ne peut le surprendre et s'enfuir :
Ainsi Spontin, ravi qu'on oppose à sa rage
Un peu de résistance, un essai de courage,

Accueille avec orgueil ce renfort de rivaux
Et veut, auparavant de leur tailler les os,
Joûter seul contre trois pour l'adresse des armes.

[charmes.
Mais ce déduit pour lui n'eut pas longtemps des
Jacqueline comprit son méprisant accueil,
Et voulut à tout prix rabaisser son orgueil.

D'un œil perçant, avant que son bras ne se lasse,
Elle épie avec soin le défaut de cuirasse;
Et soudain, au moment où Spontin à Dinon
Fesait preuve d'adresse en taillant son plastron,
Jacqueline l'atteint de pointe où la jambière
Se sépare aux genoux, et fend la genouillère.

Spontin ressent le fer qui perce entre ses os.
Il rugit. Mais surtout, quand il voit sur le dos
De son rival heureux flotter des tresses blondes,
Sa voix semble évoquer tous les esprits immondes,
Tant son courroux s'exhale en juremens affreux.

[preux
« Toi, me blesser! toi, femme! insecte! quand les
» S'esquivent devant moi, rentrent dans la poussière!
» Me blesser! et plus tard te vanter la première
» D'avoir trempé ton fer dans le sang de Spontin!
» J'en jure les démons, tu mourras de ma main.
» Va, dès ce jour, tes yeux si beaux d'outrecuidance,
» N'auront plus à pleurer d'amour ni de souffrance. »

« Sire, dit Jacqueline, n'accuse pas mes yeux
» D'avoir troublé le cours de ton sort glorieux,
» Mais le mal que tu fais à ma triste patrie.
» C'est elle qui m'arma. Bien loin que je mendie
« Ta pitié dédaigneuse ou craigne ton courroux,
» Tu verras si je sais braver, subir tes coups. »

Elle dit. Reculant pour reprendre carrière,
Elle fond sur Spontin. Il bondit de colère
Et se laisse entraîner à d'aveugles transports.
Mais déjà sa blessure affaiblit ses efforts.
La guerrière trompant son aveugle furie,
Lui plonge son acier au point où se relie
Le cuissard au haubert. Le sang coule à grands flots.

A l'aspect de son sang, le terrible héros
Suffoqué par l'orgueil, étouffé par la rage,
Méconnaît sa douleur et d'un élan sauvage,
Avant que Jacqueline ait relevé le bras,
Il hausse son épée et d'un revers, hélas!
Cruel, affreux spectacle! âpre et triste vengeance!
Avec la tête abat l'épaule à sa naissance.

Comme un jeune arbrisseau, l'honneur de nos vergers,
A grands frais transplanté des climats étrangers,
Brille plein de vigueur au sein de la verdure
Et charme les regards par sa riche parure :
Si dans un ciel d'été le soleil trop ardent
Lui lance de son char un éclair dévorant,
L'infortuné périt, et sa tête penchée
Laisse tomber ses fleurs, sa feuille desséchée.

Ainsi meurt Jacqueline au printemps de ses jours.
Invisibles, pressés, les anges, purs amours,
Ravissant sa belle âme à ses précieux restes
La portent en chantant aux demeures célestes.

Mais le coup qui frappa cette innocente fleur
Porta le désespoir dans l'âme de Sans-Peur.

« Va, barbare, dit-il, va vanter ta prouesse.
Une femme est l'objet où ton grand cœur s'adresse.

» Poursuis ; dépouille-la : ravis ses beaux cheveux ,
» Prends son armure, élève un trophée odieux.
» Mais, qu'avant de le voir , sous ton fer je périsse
» Et que, du moins, mon âme à son âme s'unisse. »

Il se rue, et soudain lui plonge au même flanc
Que perça Jacqueline et d'où bondit le sang ,
Son fer désespéré jusqu'au fond des entrailles.
Spontin blémit : la mort l'étreint dans ses tenailles :
Sa vie avec son sang va bientôt le quitter.
Mais l'orgueil le soutient : « Je m'en vais m'acquitter
» De ce devoir si doux dont ton cœur s'affriande :
» Ce que je t'ai ravi, que la mort te le rende ! »
Et d'un horrible effort que conduit la fureur
Il lui fend à la fois la poitrine et le cœur.

Dinon veut l'assaillir ; Spontin d'un coup de pointe
L'atteint où la cuirasse au hausse-col est jointe.
Dinon meurt, et Spontin privé de tout son sang,
Sur ses victimes tombe, et meurt en rugissant.

Tout fuit : la ville est prise et l'Enfer se déchaîne :
Le carnage et le crime assouvissent sa haine.
Ciney voit s'éloigner ses vaillants défenseurs.
En escadrons pressés ils font face aux vainqueurs :
Et la lance en arrêt , ils font jour à la foule
Qui se met à couvert et derrière eux s'écoule.

Dans le temple sacré deux mille citoyens,
Au pied du sanctuaire , à l'abri des lieux saints ,
Entendent en tremblant la clameur effrayante
Des vainqueurs furieux qui sèment l'épouvante.
Mais leurs douleurs en vain attendrissent le ciel :
L'Enfer accomplira son dessein criminel.

Les chevaliers vaincus virent des monts d'Achêue
Sur le déclin du jour réfléter sur la plaine,
Pétiller dans les airs, s'élancer jusqu'aux cieux
Un immense inceudie avec des cris affreux.

Oh ! qu'Alice et Rigald, tous deux doués d'une âme
Qu'attendrit le malheur, que la tendresse enflamme,
Durent après la guerre, en ces tranquilles jours
Qui comblèrent leurs vœux, leurs constantes amours,
Béuir ce dur moment, cette amère blessure
Qui d'un impie assaut gardant leur gloire pure,
Les sauvèrent alors du funeste danger
De protéger le crime ou de le partager.

———

J'ai fiui, chers amis. Aux *trompeuses amorces*
D'un plaisir surpassant *mon esprit et mes forces*,
J'ai trop longtemps cédé. Qu'il est doux pour un cœur
Né sensible et naïf, d'épancher sa vigueur
En des flots innocents d'esprit et d'harmonie
Et même en se trompant d'aspirer au génie !

Chaque homme a son travers et son illusion.
Qui pourrait condamner la noble passion
Dout l'ardeur ingénue aiguillonne à la gloire ?
Est-il un sort plus beau que de tracer l'histoire
D'un pays glorieux, digne d'un cœur bien né ?

· Trop prospère destin ! Talent trop fortuné
Qui peut vaincre à la fois sa faiblesse et l'envie
Et survivre à jamais au sein de sa patrie !
J'eus pour guide, Liégeois, ma bonne volonté :
Ne pèse mes travaux qu'au poids de ta bouté.

———◆◆———

Qu'advint-il de la vache, objet de la querelle,
D'un vaste embrasement redoutable étincelle?

Tu le sais, cher lecteur; toujours presque toujours,
Le destin des héros a de tristes retours.
La mort seule met l'homme à sa valeur réelle :
Toute gloire est trompeuse, incertaine sans elle.
Tel nom brille aujourd'hui, fait trembler l'univers,
Qui demain égaré sur l'abîme des mers,
Flottant de flot en flot au gré de la rafale,
Suit des vents, des courants la volonté fatale,
Jusqu'à ce qu'il s'arrête au solitaire écueil
Où se fane sa gloire et s'ouvre son cercueil.

Tel fut aussi, lecteur, le destin de Blanchette.
Par des vainqueurs brutaux ravie à sa retraite,
Arrachée aux douceurs de la maternité,
Elle fut le jouet du soldat effronté,
Jusqu'au jour où perdant et gloire et renommée,
Pour sa chair et sa peau seulement estimée,
Ignoblement traînée en pays ennemi,
On la vendit un sol et son fils un demi.
     Sic transit Gloria mundi.

FIN.

ERRATA.

Les lecteurs sont priés de corriger eux-mêmes les fautes qui n'ont pas d'importance pour le texte, comme les mots mal écrits, etc.

PAGE 10. Dern. vers : *lisez* : Elle dicte, etc.

PAGE 16. *Avant-dern. vers* : Plus encor. Cette faute se trouve répétée en plusieurs endroits.

PAGE 19. *Avant-dern. vers* : L'air équivoque, etc.

PAGE 27. Vers 5 : *au lieu de* : Nous sondrons, etc., *lisez*.....
Nous pourrons contempler l'enfer et ses secrets.

PAGE 60. Vers 12. Que *votre* aspect, etc., *lisez* : Que *notre*.

PAGE 75. Avant-dern. vers : *Au lieu de* : Un cinquième tonneau, *etc.*, *lisez* :
Bientôt un quatrième, un dixième, un vingtième.

PAGE 107. *A la fin. Après* : Si cela vous ennuie, *ajoutez* :
Car je dois vous montrer ces anciens bons-métiers,
Qui comptaient de vaillants et de nombreux guerriers,
Suivant leur étendard peint à leurs armoiries,
Et vous dire leurs chefs, leurs devises chéries.

PAGE 122. *Vers 5. Au lieu de* : Il dépasse Jamblinne, *lisez* :
Il dépasse Ciergnon, etc.

PAGE 130. Vers 18. *Lisez* : De partir de ce lieu.

PAGE 152. Dern. vers. *Lisez* :
Y poste des guerriers dont la force et l'audace
Puissent, etc.

PAGE 170. Vers 18. *Lisez* : Qui courent *et non* qui se.

PAGE 176. Vers 13. *Lisez* : Un chiffre entrelacé.

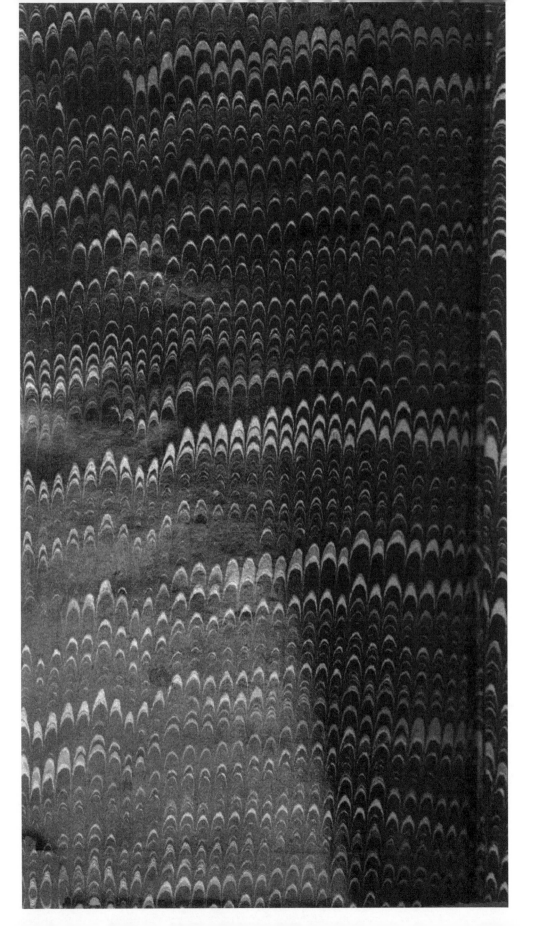

Milton Keynes UK
Ingram Content Group UK Ltd.
UKHW051011101023
430299UK00008B/448